ノミアというブランドを手がけるヤラ・フリン。ウィリアムズバーグにて。

BROOKLYN STREET STYLE

ブルックリン・ストリート・スタイル
ファッションにルールなんていらない

著：アーニャ・サハロフ&ショーン・ダール
写真：スー・ネシ
翻訳：桜井真砂美

DU BOOKS

ビューティ・ブティック、シェンのオーナー、ジェシカ・リチャーズは、マルニのスカートにエルメスのベルトというコーディネート。レッドフック地区のルイス・ヴァレンティノ・ジュニア・パーク・アンド・ピアにて。背後の壁画は、社会を変革するための活動をしている若者中心の団体、グラウンズウェルが推進するサム・ウォールズ・アー・インヴィジブルというプロジェクトの一環。

Contents
目次

序章　ブルックリン・スタイルとは？　6

1　マイ・ルールを決める　14
　ちょっとブレイク… 柄物同士を組み合わせる　26

2　ミックスする　30

3　ライフスタイルにあったファッションとは？　46
　ちょっとブレイク… 靴について　66

4　自分のトライブ（種族）を着こなす　70
　ちょっとブレイク… ハットについて　88

5　良識を身にまとう　92

6　自分で作る　116

7　スタンスを決める　134
　ちょっとブレイク… 美容について　148

8　世界のテイストを取り入れる　152
　ちょっとブレイク… アクセサリーについて　168

9　遊び心をもつ　172
　ちょっとブレイク… ヘッドウェアについて　192

10　ストリートを愛する　196

あとがき　ファッションに年齢は関係ない　214

ブルックリン・シティ・ガイド　218

謝辞　238

WHAT IS BROOKLYN STYLE?

ブルックリン・スタイルとは？

序章
Introduction

1990年、ブルックリンが世界的なファッション都市に昇格したと世間は色めきたった。マスコミはウィリアムズバーグで新たに生まれたアートや音楽をこぞって取り上げ、湿っぽい倉庫で繰り広げられるパーティーやにわかづくりの薄暗いバーを目当てに人々が集まってくるようになった。

　とはいえ、当時はまだ誰も想像していなかっただろう。21世紀になると、まさか女性たちがレモンなんとかというヨガパンツに100ドルも払う日が来ることを。そして、そういうヨガパンツ専門店がブルックリンのスミス・ストリートに出現することを。というのも、その頃のスミス・ストリートは、できれば近づきたくない場所だったから。あやしい店が軒を連ね、通りの角や店の裏は麻薬王やギャングが暗躍していた。

　それが、2000年を迎える頃になると、スミス・ストリートは、ブルックリンのレストラン・ロウ（訳注：ホノルルにあるビジネス族の御用達レストラン街）と呼ばれるようになり、フレンチレストランの先駆けとも呼べる店パトワができて、気のきいたフランス料理も楽しめるようになった。マンハッタンをこよなく愛するニューヨークっ子までもが、食事のためにわざわざ地下鉄のFラインかLラインに乗ってブルックリンまで足をのばすようになったが、これについては、物珍しさゆえのちょっとした冒険という域を出ていなかった。それに、ウィリアムズバーグのピーター・ルーガー・ステーキハウスやシープスヘッドベイのランディーズ・シーフードレストランあたりは昔から人気があった。

「心の目」で感じているからこそ、
こんなにも多くの人が、
流行の最先端のその先をいく
ブルックリンという場所に住んでいるのよ。
気づかなかった？

——Anna Wintour, Vogue

アナ・ウィンター　「ヴォーグ」編集長

クリントンヒル地区で楽しいひと時を過ごしているア・デタシェのデザイナー、モナ・コワルスカとその娘、クレア・リン。コワルスカは重ね着の達人で、フロントにリボンがついたア・デタシェのコットン・ドレスにヴィンテージの毛皮のコート、ラルフローレンのジーンズにイザベル・マランのスエードのハイヒールというコーディネート。リンは、シカゴ美術館付属美術大学の学生で、自分で見つけてきたヴィンテージのアイテムにア・デタシェのレギンスを合わせている。

この頃にはまだ、ブルックリンのグルメ革命もそこまで本格化していなかったということだ。ただ、ひとたび人気に火がつくと、スパイク・リーやエリカ・バドゥ、ポール・オースター、ビースティ・ボーイズなどの影響もあって、その界隈の美食ブームは、まだブルックリン信奉に宗旨替えしていなかった流行請負人たち（トレンド・メーカー）の心を捉えた。結果、アートと音楽と食の融合が生まれ、さらに家賃の安さ（アーティストやミュージシャン、シェフにとってはとても魅力的な要素）も後押しとなって、ブルックリンは一気にファッション界の中心に躍り出た。少なくとも、アナ・ウィンターはそれを「心の目」で見抜いた。

目が飛び出るほど高いコーヒーと天文学的数字の不動産価格、続々と誕生するブティックやデザイナーズ・ホテル、ブルックリンで唯一ミシュランの三ツ星に輝くレストラン、シェフズ・テーブル・アット・ブルックリン・フェア。この状況を見るかぎり、その界隈の人気が今後も高まっていくことはまちがいない。世界中の人々は、デザインとアート、ポップ・カルチャーとファッションの中心的存在として、ブルックリンの動向をまさに固唾（かたず）をのんで見守っている。現在のブルックリンは、二世代前とはすっかり様変わりしてしまった。ほこりっぽくて庶民的だった10年前のブルックリンの姿は、もうここにはない。

この本の制作に関わったのは正真正銘のニューヨーカーたち。執筆を担当したアーニャはカルチャー担当の記者で、祖父母の代からブルックリンに住み、そこで起こった現象を渦中で目撃してきた人物だ。しかも、アーニャの母親は1980年代、パークスロープ地区7番街にヴィンテージの服を扱ったショップを2店舗所有していた。本書のデザイナーであり、企画編集担当のショーンはニューヨークに住んで25年だが、その間ずっと、写真やファッション、スタイル・ブックの仕事に携わってきた。裁縫も得意で、自分でもよく服を作っている。ファッションやビューティー、ポートレートを専門とする写真家、スー・ネシは、ブルックリンのスミス・ストリートに住み、これまでオプラ・ウィンフリー（訳注：アメリカ人俳優で、テレビ番組の司会者兼プロデューサーとしても活躍。1954年〜）やマリアンヌ・フェイスフル（訳注：イギリス人歌手、女優。1946年〜）、トレーシー・エリス・ロス（訳注：アメリカ人女優でモデル。1972年〜）など数々のアイコンと呼ばれる女性たちをカメラにおさめてきた。スーが撮影した写真は雑誌や世界規模の宣伝広告にも使われている。

　本書は、ブルックリンがいかにしてファッションやスタイルにここまで影響を与える存在となってきたかを、たしかな証拠を示しながら検証している。かつて若者カルチャーの中心地であったウィリアムズバーグは、いまや、こじゃれたショップやレストランが立ち並び、デザイナーズ・ホテルの代表格、ワイス・ホテルを擁する洗練されたエリアとしてブルックリンの新しい顔となっている。そのエネルギーとエッジのきいたファッションの勢いに押され、ブルックリンの中心区は、次第にブッシュウィック地区やベッドフォード＝スタイブサント（略してベッドスタイ）地区、クラウンハイツ地区といったブルックリンの南東地域に移動してきた。一方で、隣接するブラウンズヴィル地区やイースト・ニューヨーク地区などは、資本流入が著しいエリアから目と鼻の先にありながら、いまだにブルックリンでもっとも貧困化が進んでいる地域のひとつに挙げられている。ブルックリンは、貧困と繁栄が混在する複雑な場所なのだ。

「ブルックリンに住んでいると、自信が養われる。
でも、それは当たり前のこと。
だって、周囲の人がみんな、他人の目なんか気にしないで
自分が着たいものをどんどん着て、
のびのびと自分を表現しているんだから。
そんな環境に身を置いていると、自分だって思い切った
服装をしていいじゃない？　って気持ちになる」

— *Eniola Dawodu*, designer
エニオラ・デヴァドゥ　デザイナー

大胆な着こなしがブルックリン・プライドの証。エヴリデイ・ピープルというパーティーのイベントオーガナイザー、サーダ・アハメドは、自分で仕立て直したザラの真っ黄色のスーツを完璧に着こなしている。南アフリカ料理のレストラン、マディバで撮影。マディバはフォートグリーン地区の中心的存在で創業20年以上の歴史がある。

ブルックリンは自分を表現するキャンバス
―April Hughes, stylist
エイプリル・ヒューズ　スタイリスト

「ドシエ・ジャーナル」紙のクリエイティヴ・ディレクター兼写真家、スカイ・パロットがはいているフレアのミッドライズ・デニムはマーク・ジェイコブスのもの。今もトレンドはローライズのスキニータイプだが、パロットはあえて流行に対抗している。これぞブルックリン・スピリット。

　さまざまな要素が入り混じり折り重なって独自のカルチャーを育んでいるからこそ、ブルックリンは人々の心を惹きつけ、そこに新しいものが生まれる。本書ではさまざまな女性を取り上げている。ボクサー、DJ、デザイナー、精肉店や生花店で働く女性たち、セレクトショップのオーナーなどなど。現在のブルックリンでいきいきと暮らす女性たちは、ブルックリンのライフスタイルの本質を教えてくれる。本書に登場するとびきりおしゃれで、型破りで、かっこいい女性たちを見れば、世界中どこにいても自分なりのブルックリン・スタイルを実現できるとわかるはず。ブルックリン・スタイルとは、自分自身を受け入れ、自分らしさを貫き、流行に左右されることなく自分なりのファッションにこだわる勇気をもつこと。それがどんなファッションであってもかまわない。ブルックリンで暮らすおしゃれな女性たちは国籍も出身地もさまざまで、ひとりとして同じ格好をしていない。みんながみんな個性的で、自分が心地いいと思う靴（スニーカー・スタイル、ブーツ・スタイル、ウェッジソール・スタイルと、好みはちがえど……）を履いている。どう？　興味がわいてきた？　どこにいても実践できる。それがブルックリン・スタイル。

MAKE YOUR OWN RULES

マイ・ルールを決める

人種も国籍もちがう人々が2600万人も暮らしているエリアなだけに、ブルックリン・スタイルといってもひとことで定義をするのは難しい。黒のスキニー・デニムにラグ＆ボーンのTシャツをきた女性が、古着屋で買ったド派手な衣装に身を包んだ女性と街中ですれちがう。そのスキニー・デニムの女性の隣には、オフトーンでラフにまとめた重ね着ファッションの女性がいて、さらにそのまた隣には、頭のてっぺんからつま先まで鮮やかな柄物でばっちり決めた女性が立っているという具合。同じ街でありながら、会う人会う人ファッションはばらばらだ。

　ほかでは通用するファッションの常識も、ブルックリンでは通用しない。ここでは、冬場にホワイト・デニムや白のワンピースを着るのがかっこよくて、黒とネイビーを組み合わせるのがおしゃれなのだ。サボと呼ばれる木靴風サンダル（クロッグ）やスニーカーをいろいろなファッションに実にうまくコーディネートするのもブルックリンならでは。だからといって、奇抜ならなんでもいいというわけではない。デザインを考慮して緻密に計算されたファッションが、ブルックリン・スタイル。そして、その元祖といえるのが、このエリアでチェーン展開している小さなセレクトショップ、バードのオーナー、ジェニファー・マンキンスだ。テキサスに生まれ、1999年からブルックリンに住んでいるマンキンスは、南部育ち特有の朗らかな笑顔の持ち主。眼鏡美人で、いつも、セリマ・オプティークの青か赤フレームの眼鏡をかけている。なんとなく「アニー・ホール」（訳注：ウディ・アレン監督によるロマンス・コメディ映画。1977年）から飛び出してきたようなイメージだ。映画の中のアニーが、ふらりとラージャスターン（訳注：インド北西部のパキスタンに接する州）まで旅に出て、カラフルな柄を重ね着して、その上に手持ちのベストを羽織って戻って来たという感じ。

「プリントとかテキスタイルとか柄物に目がないの」とマンキンスは言う。「そういう意味では、自分や自分のファッションのイメージにこだわりすぎて黒とかネイビーしか着ないスタイリストとはちがうわね」

　マンキンスは（現在、ブルックリンのディットマスパーク地区に在住）、その芸術性あふれる独特のスタイルにますます磨きをかけており、ブルックリンの美意識に定義を左右する存在として、

ニューヨークのファッション界から一目置かれている。マンキンスのファッションは実にバラエティに富んでいる。農民風(ペイザント)のブラウスやチュニックから、シルク・クレープのような柔らかい生地で、ウエストがゴムのソフト・パンツ(彼女はそう呼んでいる)まで、ありとあらゆるものを喜んで取り入れる。

　バードの店頭には、テーラード風のかっちりしすぎたスタイルのものやガーリーすぎるもの、コンサバなものは見当たらない。そのかわり、体型があまり出ないゆったりしたシルエットの服が多い。まさに色と柄の響宴。カフタン・ドレスやケープ、ジャンプスーツ、ベストなどは定番商品として常に棚に並んでいる。彼女のセレクトの基準はかっこいいかどうかだ。メンズライクな魅力を追求するレイチェル・コーミーにしても、究極のシンプルを目指しているマリア・コルネホにしても、ボヘミアン風にこだわるイザベル・マランにしても、その点は共通している。ただ、なによりもまず、着心地がよくて自分のライフスタイルに合っていなければ話にならない。

ジェニファー・マンキンスのファッションは、上から下まですべてニューヨークのデザイナーのもの。セリマ・オプティークの眼鏡にリジー・フォルトゥナートのネックレス、レイチェル・コーミーのデニム・ジャケットにゼロ＋マリア・コルネホのドレス。

こうしなきゃとか、こうしちゃまずいとか、
そういうことは一切なし。
なんでも楽しむこと。
昼間からスパンコールの服を着るとか、
定番じゃないものに挑戦するとか、
そういうことをどんどんやってみるの。
とっておきのすてきな服を持っているのに
一度しか着ないなんてどういうこと？
気にせず着ればいいじゃない。
それを着たからってどうってことないわ。
だいじょうぶよ

— Jennifer Mankins, boutique owner, Bird
ジェニファー・マンキンス　ブティック、バードのオーナー

> この界隈で暮らすのに必要なものは
> なにかと聞かれたら、
> たぶん、おしゃれなアイテムより、
> まずはいい自転車って答えるかな。
> ブランドのバッグを持って
> 自転車に乗るっていうのもありよ。
> おしゃれなワンピースで古びた自転車に
> またがるのもいいし、その反対もかっこいい。
> ここにはルールなんてなにもないのよ

—Sofia Hedström, fashion director, Women's Health (Sweden)
ソフィア・ヘッドストローム　雑誌「ウーマンズ・ヘルス」(スウェーデン版) のファッション・ディレクター

「『実用的』という言葉はファッション用語としてあまり色気がないわね」。マンキンスは言う。「でも、ブルックリンで暮らすとどうしてもそうなるの。動きやすくて実用的な服じゃないと。ブルックリンでは、みんな忙しく動き回っているから。地下鉄に飛び乗ったり、絶えず動き回っている。最近まで、ハイヒール姿で家を出てタクシーを止めるなんてこと、考えられなかったわ」

ブルックリンに住む女性たちは、着たいときに着たいものを着る。スウェーデン出身のファッション・ライター、ソフィア・ヘッドストロームは、もう10年以上ウィリアムズバーグに住んでいるが、なにかにつけてヨーロッパとブルックリンを比較する。彼女は、パリ・ファッション・ウィークに出席するときは、ドレスアップをして、ハイヒールを履き、見栄えのいいバッグをもたないとまずいという気持ちになるそうだ。

「みんな、わたしがそれなりの格好をしてくるだろうと期待しているから」と彼女は説明する。「ところが、このブルックリンでは、毎日が流動的なの。この後どうなるかわからない。仕事が終わってからディナーするかもしれないし、パーティーに参加するかもしれない。ランニングに行くかも。なにもかもごちゃまぜなの。だからといって全然困らないわ。みんなが高価なものとチープなものを上手に組み合わせているのはそういうわけ。たとえば、Tシャツにダイヤモンドのアクセサリーをするとかね。あと、ブルックリン・ファッションを理解する鍵となるのは、ヒップホップ・カルチャーやメインストリームじゃない者の劣等意識かな。とにかく、ダイヤモンドが好きなら、ダイヤモンドを身につければいい。ここではそれが許されるの。そこがブルックリン・スタイルのおもしろいところね。パリやストックホルムなら、もっと控えめにして、ルールをわきまえなくちゃならないかもしれない。でも、ここニューヨークは、毎日がファッション・ショーみたいなものだから」

　ヘッドストロームは自分に劣等意識をもっている。ストックホルムの市街地ではなく、スウェーデン南部に位置するスカーラという名前の小さな町の出身だからだ。その地域は、彼女に言わせると「お世辞にも都会的とはいえない田園地帯」で、スレッタと呼ばれている（ヴェストゴタスレッテンという地域名の短縮形）。ニューヨークにいるスウェーデン人の友人から出身地のことでよくからかわれたようだ。おまけに、スレッタというあだ名までつけられた。彼女はそれを逆手にとって、「Slätta in the house!（スレッタ登場！）」と筆記体でやけくそ気味に書きなぐったゴールドの指輪をみずからデザインしている。
「スウェーデンに帰国するとき、この指輪をつけるとなんだか誇らしい気持ちになるの」と彼女は言う。「この指輪のことでからかわれるたびに、笑い飛ばしてるわ。自分の出身地を堂々と公言していることがみんなには理解できないみたい。だって、普通は田舎者だということは隠すからね」
　いろいろなかたちで人種と文化がうまく融合していることがブルックリンの基盤を形成している。この地区の住人の半数以上は、自宅では英語以外の言語を使っている。アメリカ合衆国の国勢調査によると、ブルックリンの民族分布は、白人と黒人がそれぞれ3分の1を少し超えるぐらいの割合を占めていて、約20パーセントがラテンアメリカ系、さらに、約12パーセントがアジア人という内訳になっている。
「ここはさまざまな文化圏から来た人が集まっているから、ほかとは雰囲気がちがうでしょ」とヘッドストロームは言う。「話す言語もばらばらだし。主流ではないカルチャーが自由に根を張れる土壌なの」

These Are
Not Rules
あくまで、ご参考まで

もしインスピレーションのヒントを求めているなら、
ファッションを自由に楽しんでいる女性たちを参考にするといい。
自由という感覚こそ、ブルックリン・スタイルの神髄。

着ていて心地がいいことは粋だが、だらしないことは粋じゃない。
粋なおしゃれ代表の有名人：ローレン・ハットン（訳注：アメリカ人女優。1943年〜）

あまりの予定調和もつまらない。
はずしテクニック代表の有名人：ソランジュ・ノウルズ

思いがけない発想が常におしゃれをおもしろくしている。
おしゃれの発想が斬新な有名人：クロエ・セヴィニー

シンプルであることを心がければ、まず失敗しない。
シンプルなおしゃれ代表の有名人：ソフィア・コッポラ

究極のファッション・アクセサリーは自尊心である。
輝く自尊心代表の有名人：アンジェラ・デイヴィス（訳注：アメリカ人黒人政治運動家。1944年〜）

他人の行動を指図するというのは
ニューヨーク流じゃない。
アメリカ人はそんなことしないの。
それはブルックリンでも同じ。
人にとやかく言われなくてすむから、
みんなこの場所にやってくるのよ

— **Karyn Starr,** cofounder, White-Starr Aesthetic Consulting
キャリン・スター　ホワイト・スター・エステティック・コンサルティング社の共同創立者

バンド、エスコートのメインヴォーカルを務めるアデリーヌ・ミシェルは断言する。「わたしはディスコ・バンドのメンバーなのよ。ベルボトムのジーンズなんてはくはずないじゃない。着るならスパンコールでしょ！」彼女は、スパンコールの王様と呼ばれている、デリー出身でロンドンで活躍するデザイナー、アシシュ・グプタがお気に入り。スパンコールがきらめくヒマワリ柄のアシシュのドレスを着たミシェルの姿は、クラウンハイツのコミュニティ・ガーデンにしっくりとなじんでいる。

ヘッドストロームはスウェーデンの田舎育ちだが、パリ生まれで、現在クラウンハイツに住んでいるディスコ／ファンク・バンドのメインヴォーカル、アデリーヌ・ミシェルもまた、ブルックリンに対してヘッドストロームと同じ感覚を抱いている。ミシェルはパリ北西部の郊外で育ったが、そのあたりは暴力や犯罪が横行していて、パリ・ファッション・ウィークとはまったく無縁の場所だった。その場所に住むのを決めたのは彼女の両親だったが、地域の事業計画はうまく進んでおらず、環境は悪化していた。黒人と白人を両親にもつミシェルは、その当時あの地域で自分みたいな黒人と白人との間の子どもはマイノリティだったと語っている。彼女は18歳になると、仕事を求め、音楽活動をするためにニューヨークへ渡った。そして、ブルックリンのフォートグリーンにすっかり魅了されてしまった。

「そこには黒人も白人もアジア人もいた」ミシェルは言う。「そこで自分のまわりを見渡すと、完全なるハーフか、でなければ、どこかの血が混じっているとか、両親がそれぞれハーフとか、そういう人ばかりだった。黒人ばかりじゃないけど。とにかく、『ちがう血』が混じっているってこと。それに、揃いも揃ってみんなおしゃれだったわ」

　パリの郊外で育ったミシェルは、そこかしこでアフリカ風のものを当たり前のように目にしていた。彼女の親の世代はその頃、アフリカの民族衣装を着ることが多かったからだ。しかし、フォートグリーンの女性たちは、エリカ・バドゥの影響か、長めのイヤリングやアフリカ調の図柄をさりげなくファッションに取り入れていて、その着こなしがミシェルの目にはすこぶる新鮮に映った。パリ時代、彼女のまわりには、カラフルなプリント柄をファッションに取り入れたり、ジーンズやスニーカーのような普段着をおしゃれに着こなしたりする仲間がいなかったのだ。

　ブルックリンに来てから、ミシェルは、ヴィンテージで、しかも、他の誰も持っていないようなユニークなものを探しては買うようになった。自分のファッションに柄物を取り入れ始めたのもこの頃からだ。さらに彼女は、あえて天然パーマの髪を生かし、無造作におろしたり、ときには、アップにしてターバンや髪飾りの中にまとめたりして楽しむようになった。自分が好きなものを着ることにもはや抵抗を感じなくなった彼女は、今後は、色をうまく取り入れることに挑戦したいと考えている。そのうちに、黒のタイト・デニムにオレンジのトラ柄のセーター、頭に白黒のスカーフを巻き、サングラスという格好で食料品の買い物に来る彼女の姿を見かけることになるかもしれない。

「アメリカのファッションとアメリカ文化からわたしが学んだことは、できるだけ目立つように、派手にするということね。だからって、誰からも後ろ指をさされたりしない。突飛なことをすればするほど、評価してくれるの。これはフランスではありえないわね」

　現在のブルックリンには、いまだに古き良きアメリカン・スピリットが残っている。もちろん、本物のカウボーイがいるわけではないが、デニムにブーツでチェックのシャツというカウボーイ・スタイルで街を闊歩しているアーティストやコンピューター技師、あるいは、フリーランスのクリエイターたちがたくさんいる。今でこそ都会育ちで新しもの好きの連中が、あちこちでショップやレストラン、カフェ、ギャラリーなどをオープンさせているが、昔はこの界隈にそんなものはほとんどなかった。100年前から切れ目なく押し寄せてくるヨーロッパ人移住者の波に続いて、今は特にラテンアメリカやアジア、カリブ海沿岸からブルックリンに移住してくる人が後を絶たない。このようないろんな要素がすべて作用して、なんでもありの土壌を作り上げているのだ。この地域で根を張る人々は表現の自由を身にまとう。それは、ブルックリン・スタイルを定義づけする条件のひとつになっている。ブルックリンっ子たちがそれぞれにもっているこだわりをひとつひとつ理解していけば、それを統合して誰でも自分なりのスタイルを作り出すことはできるはずなのだ。

アンソロポロジーのワンピースにアナ・スイのジャケットを羽織ったシェフ、レスリー・パークスの姿は、雨のブルックリン・ボロー・ホール・グリーンマーケットにひときわ映えている。足元を飾るのはマイケル・コースのハイヒール。

Interlude...
MIXING PRINTS

ちょっとブレイク… 柄物同士を組み合わせる

柄が大好きな「柄マキシマリスト」たちは、ひとつのスタイルを完成させるために、
ストライプ、ドット、ペイズリー、チェックをどう組み合わせればよいかを知っている。
柄が多ければ多いほどいいと考える女性もいる。
ここで、柄マキシマリストの着こなし術をいくつか紹介しておこう。

ブティック、バードのオーナー、ジェニファー・マンキンス（左）のクローゼットには、世界中の一流デザイナーが作り上げたカラフルな柄の美しい服が並んでいる。日本人デザイナー、皆川明のブランド、ミナ・ペルホネンのサークル・モチーフのコートの下は、ドリス・ヴァン・ノッテンのにしき織りのトップスに3.1フィリップ・リムのスカートという組み合わせ。バッグはシャネルで、ネックレスはメリッサ・ジョイ・マニングのもの。マンキンスのコーディネートを見れば、柄の大きさや形にどのような変化をつければ柄同士がけんかしないかよくわかる。これならば、無駄にお金をかけなくても気軽に試せるはず。

デザイナー、ウラ・ジョンソンのスタジオ（下）に飾られたムード・ボードは、テイストがちがう生地をどう組み合わせて、どう対比させればよいかを視覚的に教えてくれる。

　絞り染め風のクモの巣プリントのパンツに、刺繍をあしらったトップスという組み合わせ（上）は、ウラ・ジョンソンの定番スタイル。「ちがうテイストのものを合わせるときはどこかに共通性をもたせなきゃだめなの」と、ジョンソンは言う。「そうでなければ、統一感がなくなる」。この写真のコーディネートでは、柄の大きさこそちがうが、色合いは一致している。

　ジョンソンは、黒一色のパンツ（右）に花柄のインターシャ（訳注：寄木象眼風の編み込み）を施した北欧風のニットのケープとアステカ風の幾何学模様のバッグを合わせている。「柄が詰まった部分と無地の部分のバランスに気をつければ、がちゃがちゃした感じにならないでしょ」と、ジョンソンは言う。ストライプのハイヒール（右、右上）も含めて色を白黒で揃えたことで、全体に統一感があるのはたしか。

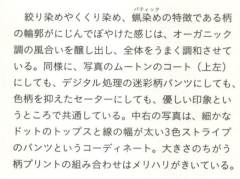

　絞り染めやくくり染め、蝋染め(バティック)の特徴である柄の輪郭がにじんでぼやけた感じは、オーガニック調の風合いを醸し出し、全体をうまく調和させている。同様に、写真のムートンのコート(上左)にしても、デジタル処理の迷彩柄パンツにしても、色柄を抑えたセーターにしても、優しい印象というところで共通している。中右の写真は、細かなドットのトップスと線の幅が太い3色ストライプのパンツというコーディネート。大きさのちがう柄プリントの組み合わせはメリハリがきいている。

　デザイナー、エニオラ・デヴァドゥ(下左と下右)の場合、おとなしめな色のストライプに、色とりどりの柄に鏡をちりばめたトートバッグを合わせている。

　デザイナーのデビー・ハーディは、ウールのチェック柄のベルト付きケープにデニム・ジャケットと刺繍入りのブラウス、そこにブランケット風スカーフをかけ、かなり上級者の柄合わせに挑戦しているが（上右と下右）、全体として色に統一感がある。ひときわ目を引くスカーフのターコイズ・ブルーは、ケープのチェックの緑がかった青色部分を引き立て、スカーフの中のピンクがブラウスの鮮やかな色彩によく映えている。

　柄同士を合わせるのは抵抗があるというなら、レスリー・パークス（上左）のように、グラフィック・デザインがほどこされた大ぶりのバッグをアクセントに使ってみるという手がある。あるいは、ほんの少しだけ柄と柄を足して、単色づかいをやめてみるとか。たとえば、ストライプのシャツに単色のジャケットというスタイルに、大胆な花柄のスカーフやバッグを合わせてみてはいかが？

ちょっとブレイク 柄物同士を組み合わせる＊29

MIX IT UP

ミックスする

緑のチェックのユニクロのシャツも、ア・デタシェのデザイナーを務めるモナ・コワルスカにかかれば、おしゃれでセクシーに見える。そのシャツを彼女はノーブラで着る。襟を内側に折りたたみ、ボタンを多めに外して、1970年代に流行した深いVネック風に着こなしている。シャツをインしているのは、ア・デタシェのレイヤード・ブラック・メッシュ・パンツだ。細身のスウェットパンツにバスケットボール・パンツ風の長めのメッシュ・ショーツを重ねばきしたようなスタイルで、店頭で買えば、ユニクロのシャツの数倍の値段はする。髪はアップにしてゆったりと品よくまとめている。存在感のあるアクセサリーの使い方も絶妙だ。指輪をいくつか重ねてはめ、ネックレスとダイス・ピアス（訳注：耳の軟骨につけるピアス）をつける。ちなみに、ダイスの語源であるda'atはヘブライ語で「知識」を意味している。口紅はかろうじて塗っているが、色白で髪がホワイトブロンドのコワルスカは基本的にいつもノーメイクだ。

　彼女のスタイルをジャンル分けするのは難しい。チェックのシャツの着こなしにしても、グランジ・ファッションとも、カントリー・ファッションとも、着崩しファッションとも言いがたい。パンツは、コワルスカの「スポーツ・インジャリー」コレクションに登場したものだが、スポーティには決して見えない。無造作にアップにしたヘアスタイルは、ラフな感じがフランス人女性を思わせる。ダイス・ピアスとヘビの形をしたリングに、因習を打破したいという気概を感じる。コワルスカのスタイルは、洗練されていながら適度にエッジが効いていて、セクシーさと上品さを兼ね備えている。この着こなしはなかなかまねできるものではない。

モナ・コワルスカの洗練された
レイヤード・スタイル。ア・デ
タシェの、革のベルトがついた
黒のウールのチュニック・ベス
トとカシミアのセーター・ドレ
スのコーディネート。ベストの
下はヴィンテージのアーミー・
ジャケットで、あえて襟をカッ
トしたのはコワルスカのアイ
ディア。

セクシーな図書館司書を超える域には
なかなか到達できない。
それってこれ以上ないくらい
複雑なスタイルなんだもの

—Mona Kowalska, founder/designer, A Détacher

モナ・コワルスカ　ア・デタシェの創設者でデザイナー

　自身がデザインするア・デタシェのアイテムに誰でも買えるベーシックなユニクロのシャツを合わせることで、コワルスカは、現代女性が取り入れている、ハイ＆ローを組み合わせるおしゃれを実践している。全身をデザイナーズ・ブランドでかためるなんて誰にでもできることではない。そこまで金銭的余裕がある人がどれくらいいるだろう？　それはさておき、コワルスカは自分流アレンジにもうひとつ別の要素をプラスする。彼女のスタイルはどのジャンルにも属さない。みんな彼女のファッションにあこがれるが、彼女のスタイルを定義することは簡単ではなく、ユニークという言葉以外にうまい表現が見当たらない。「女性のおしゃれのタイプって選択肢が少なすぎる」と、コワルスカは言う。「小悪魔タイプか、司書タイプか。インテリタイプか、おバカそうなタイプか。21世紀のこの時代にこれしかないってどうなの？」

　ポーランド生まれのデザイナーで、パリで暮らした経験もあり、現在はクリントンヒルの住人となっている彼女は、女性やファッションを現代的な視点で捉えている。いまどきの女性は同時にいろいろな役割を担っている。控えめにふるまってみたり、セクシーに決めたり。アスリートかと思いきや、アーティストを気取ったり。母にもなれば、キャリア・ウーマンにもなるという具合。日々の生活にいろいろな要素が盛り込まれている以上、シーンに合わせていかようにも対応できる着こなしが求められる。ブルックリンはそういう場所だ。そして、実際、ここに住む女性たちはさまざまなことをしている。家族の世話をする。仕事をする。クリエイティヴな活動に従事する。スポーツをする。起業する。ブランドを立ち上げる。スタジオを構える。などなど。この本に登場する女性たち同士はほぼ知り合いで、個人的、あるいは、仕事上の目標に向かって努力し、互いに刺激を与えあう存在となっている。

　さまざまな顔をもつ現代女性の多面性を作品の中にうまく取り入れているデザイナーはヨーロッパでも一握りだが、コワルスカはそういうデザイナーたちを高く評価している。ちなみに、彼女がよく引き合いに出すのは、フィービー・フィロがデザインするセリーヌのシンプルでメンズライクなテイストや、ミウッチャ・プラダの控えめで露出の少ない大人受けするセクシー・スタイルなど。「たぶん、誰にでも静と動の部分があるのよ」と、コワルスカは説明する。「いつも見せている表情と、それとは真逆の表情を女性たちはもっているの。そこがおもしろいところね。だって、そうでなきゃつまらないじゃない」

Mix This with That
異なる2つの要素をあわせてみる（A + B）

「ランウェイに登場するような流行のアイテムを自分のワードローブにプラスする。
コツは、お互いがけんかしないようにうまく合わせること。
そこに自分なりのスタイルをブレンドするの」
──オリヴィア・パレルモ。ダンボ（訳注：Down Under the Manhattan Bridge Overpass
［マンハッタン橋高架道路下］の意）地区の住人、アメリカの社交界で活躍するソーシャライト

擦り切れや色あせのある古着とか、長年大事に着られてきたヴィンテージ・アイテム	＋	流行の素材やディテールを取り入れ、現代風のテーラリングやフィット感を表現した最新アイテム 代表される有名人：ケイト・モス
機能的でラフに着られるスポーツウェア	＋	きちんと感のあるフォーマルウェア 代表される有名人： リアーナ、グエン・ステファニー
メンズライクなシャツやパンツ、ブレザー、シューズ、コート	＋	フェミニンなスカートやドレス、ブラウス、ハイヒール 代表される有名人： オードリー・ヘプバーン、ダイアン・キートン
旅先で買い求めた外国のグッズ	＋	長年愛用している手持ちのアイテム 代表される有名人：エリカ・バドゥ
手軽に買えるベーシック・アイテム	＋	珍しい素材を使用し、仕立てにも凝った高価な服 代表される有名人：オリヴィア・パレルモ

ボーラムヒルの自宅にいるインテリア・スタイリストで作家でもあるキャサリン・ハケット。彼女は主張のあるアイテムを好む。たとえば、ソニア・リキエルのグレーのフェザーのケープに、ニリ・ロタンのジニー・パンツ。足元はJ.クルーのレースアップのウェッジソール。「定番ファッションが大好きと口では言っているけれど、わたしのクローゼットを見るかぎりそうとは言えないみたい」と本人も認めている。

服の着こなし次第で、
あなたはもっと幸せになれる

—Cary Vaughan, designer, Ace & Jig
キャリー・ヴォーン　エース・アンド・ジグのデザイナー

　ここに名前が出てきたトレンド・メーカーたちは、性別や時代、服装のジャンルを超えて現代的なテイストを作り上げている。イギリス生まれで、現在はフランスのファッション・ブランド、セリーヌのクリエイティブ・ディレクターであるフィロは、2010年のショーに白のアディダスのスニーカーを履いて登場し、話題となった。それがきっかけで、アディダス・スタン・スミスは一大旋風を巻き起こすことになる。その4年後、パリの目抜き通りにあるセレクトショップ、コレットのショーウィンドウの真ん中には、コレットのトレードマークである青い水玉を全面に配したリミテッド・エディションのスタン・スミスが飾られた。このスニーカーを取り入れた着こなし術、つまり、デニムとかスポーツウェアよりもドレッシーな装いに、あえてスニーカーを合わせるというコーディネートは、そのイギリス人デザイナーのレパートリーにはそれまでなかったことだった。ただ、ブルックリンでは昔からみんなが普通にやっていたことなのだ。

　ニューヨークの、エヴリデイ・ピープルというダンス・イベントのオーガナイザーのひとり、サーダ・アハメドは、ドレッシーな服を着ても、いつだって足元はスニーカーだ。スーツでもワンピースでもどんな服装のときでも。ケニヤに生まれたアハメドはアトランタで育ち、その後ブルックリンに移り住んで、ベッドフォード＝スタイブサント（ベッドスタイ）に落ち着いた。J.クルーの「ガールズ・ウィ・ノウ」などを含むファッション関係のブログでは、アハメドがたびたび取り上げられ、世界の民族衣装を取り入れた彼女の仕立てのよい服装が紹介されている。彼女は、装いの中にコントラストをきかせるのが好きだ。たとえば、鮮やかな口紅を塗るときは服の色を抑えるとか、タイトなものを着るときは、ゆったりとしたシルエットのアイテムをプラスするとか。「いろいろミックスするの、着心地のよさを考えて」と、アハメドは言う。「フェミニンな印象の服が好きだけど、履くのはスニーカーよ」

デザイナーのキャリー・ヴォーンのコーディネートは、バッファロー・チェックのトップスにマキシ・スカート。リード・クラコフのバッグのショッキング・イエローがいいさし色になっている。

ブルックリンのベッドスタイ界隈を歩くサーダ・アハメド。ブルックリンの若い女性たちの間では、ここ数年、ワンピースにスニーカーというコーディネートが定番スタイルとなっている。

アハメドと同じく、劇作家であり、女優であり、歌手でもあるイーサ・デイヴィスは、自分のファッション感覚をあまのじゃくと称する。彼女はヴィンテージのパンプスに目がなく、そこにあえてクラッシュ・デニムやラグ＆ボーンのスウェットパンツを合わせる。昔から思索派の女優と言われ、自身が書いた脚本「Bulrusher（バルラッシャー）」でピューリッツァー賞にノミネートされた経験をもつ彼女は、同じかっこいいパンプスでも、ブルックリンでさりげなく履くのと、ドレッシーで高級感のあるマンハッタンのアッパー・イースト・サイドで履くのとでは、印象がちがってくると指摘する。「どんなアイテムもなにかしらの意味を含んでいるものなの」と、デイヴィスは言う。「だから、その意味を上手に利用しちゃえばいいわけ。その方法は、コーディネートの仕方や着る人の個性、その人がまわりからどう見られるかによって変わってくるけど。もし相手が思いもかけないような格好をしてきたら、わたしとしてはそこに興味を惹かれるわね」

　サンフランシスコのベイエリアで育ち、現在、フォートグリーンで暮らしているデイヴィスは、さらにこう付け加える。服装のもつ意味合いは見る人によってちがうのだ、と。「もし、ポロのシャツを着ている人を見かけたら、普通はゴルファーかテニス好きだと思うでしょ？　でも、この界隈じゃそうはならないの」。ポロ ラルフローレンは、もともと富裕層向けのブランドというイメージだった。ところが、1980年になって、ブルックリンで幅をきかせていたロ・ライフ（訳注：ローレン・ライフの略）というギャング集団が自分たちのトレードマークにしたことで、ラルフローレンは不本意ながらイメージチェンジを余儀なくされる。そして90年代に入ると、クラウンハイツやブラウンズヴィル、イースト・ニューヨークにたむろするギャングたちが頭の先からつま先までトレードマークの「ロ（ローレン）」を着て、その界隈を闊歩するようになった。

イーサ・デイヴィスは、花柄のジャンプスーツにメイドウェルの赤いセーターを合わせ、H&Mのデニム・ジャケットの上にチェック柄とストライプ柄が入ったスーノのポンチョを羽織っている。ニューヨークシティを拠点とするスーノは、東アフリカで製造作業を行なっていて、バンダナのように2種類の柄をつなぎ合わせるケニヤの伝統布カンガに影響を受けている。「リバーシブルで着られるポンチョは、柄の上に柄を重ねることで相乗効果が生まれるという典型的な例」と、デイヴィスは言う。

「ファッションスタイルに、皮肉や流用、はたまた古い意味合いを取り入れるのはよくあること。これらをよくミックスしながら、新しい文脈の中に据えるのよ」と、デイヴィスは言う。「そうすると、今までにない新しい組み合わせが生まれる」。デイヴィスによると、ここ最近、ブルックリンに住む人々は、プレッピー・スタイルに、パンクやスケーター、ヒップホップ、高級ブランドのファッションをプラスしたり、あるいは、それぞれを絶妙に組み合わせたミックススタイルをあえて取り入れる傾向にあるようだ。型にはまっているように見られたくないという気持ちの表れだろう。特に、このブルックリンではその傾向が強い。ロ・ライフがおしゃれなストリート・ファッションとしてポロを選んだのは、フィロがアディダスをおしゃれなファッション・アイテムという地位に押しあげた時期より前のことだ。いずれにせよ、予想を裏切る着こなしで、ひとつのアイテムに新たな活躍のフィールドを与えたという点では、両者は共通している。このやり方を取り入れれば、自分の複雑なアイデンティティを自分なりにイメージとして具現化できる。そもそも、人はひとつのイメージで表現できるほど単純ではない。フィロは自分なりのスタイルをもっている。そして、それはロ・ライフにもいえることだ。

わたしは、どこまでもハードなものに
どこまでもキュートなものを合わせて
着るという発想が好きなのよ……。
ファッションの世界では、
相反するもの同士を組み合わせると
必ず魅力的になる。
思いもよらないものを合わせることで、
新しいなにかが生まれるの

—Chioma Nnadi, fashion news director, Vogue.com
チオマ・ナディ　Vogue.comのファッション・ニュース編集長

Q&A

「Girls／ガールズ」の衣装デザイナー、ジェン・ロジェン

　2012年、レナ・ダナムが、みずから脚本、主演、監督を手掛けるHBO（訳注：アメリカのケーブルテレビ放送局）制作のドラマ・シリーズ「Girls／ガールズ」の放映が始まった。大学を卒業したばかりの20代女性が抱える心の葛藤を描いたそのドラマは、ブルックリンが舞台で、撮影はブッシュウィックやウィリアムズバーグ、グリーンポイントの周辺地区で行われた。メインキャストは4人の女友達。強迫観念を抱えながらも常に野心を燃やしているハンナ、生真面目で几帳面なマーニー、自由奔放で何事にもあくせくしないイギリス人ジェッサ、そして、ジェッサのいとこでいつも元気なショシャンナ。

　「Girls／ガールズ」の衣装デザイナーであるジェン・ロジェンは、ドラマの中にブルックリン・スタイルを取り入れることで今の時代の雰囲気を表現しようとした。長年クリントンヒルに住み、ヴィンテージをこよなく愛するロジェンは、イエール大学でアートと心理学を学んでいるだけあって、登場人物のキャラ付けにも鋭いセンスが感じられる。彼女が思い描くブルックリン・ファッションについて語ってくれた。

ブルックリン・スタイルをどのように定義しますか？　最新の流行ファッションとはちがいますよね。

　わたしは「最新の流行」という言葉をなるべく使わないように意識してきたわ。そういう意味で、ブルックリン・スタイルはつかみどころがないわね。だってどのようなファッションかを説明するには、なにかしら定義のようなものが必要でしょ。ウィリアムズバーグはもはやあまり意識してないわ。今注目しているのは、その周辺地区で見かけるファッション。ウィリアムズバーグはドラマが始まった頃とはすっかり様変わりした。川沿いに高層の建物が立ち並ぶようになってから、変わってしまったの。9年前にウィリアムズバーグに住んでいた頃は、朝の7時に地下鉄に向かっている人間なんてわたしぐらいしかいなかった。それが今じゃ、朝の7時には、ケント・アヴェニューを横切って仕事に向かう人の流れができているのよ。

　ブルックリン・スタイルをたったひとことで表現するのは難しいと思う。ブルックリンはかなり広範囲のエリアよ。地区ごとに独自のテイストがあって、ファッションやライフスタイルがそのテイストと一致しているというのが最近の傾向ね。

「Girls／ガールズ」のメインキャラクターたちのどの部分で、ブルックリンらしさを表現していますか？

　登場人物たちは観るたびに変化しているでしょ。そこがそのままブルックリンを象徴していると思う。最初に観たときはここにいたのに、次に観たときにはちがう方向に動いている。ブルックリンに住もうと考える人は、現状に満足せず、いつもほかにおもしろいものがないか探しているの。

「セックス・アンド・ザ・シティ」では、よくファッションは5人目の登場人物と言われていますが、「Girls／ガールズ」にもそういう要素はありますよね。といっても、表現の仕方はまったくちがっていますが。

たしかに、服装そのものがひとつの役を担うようになった。今、わたしがやろうとしているのは、画面上にそれなりのリアリティをもたせること。複雑なキャラクターをリアルに映し出すという手法ね。あれは、「Girls／ガールズ」でわたしが初めて実践したことなの。改めて振り返ってみると、意外なことに、どの服装も目新しいファッションというわけじゃなかった。流行のファッションでもなかったし。大半が古着屋か、ヴィンテージ専門の店で調達してきたものだった。それどころか、登場人物のキャラを引き立たせるために、わざわざダメージを加えて、リアルさやよれよれ感を出したりもしたわね。スパンクスの補正下着をわざと破ってみたりとか。ベルトも全部取っちゃったりしてね。ハンナについては、あえてバランスの悪い丈のスカートをはかせてみた。すごく長いか、超ミニか。役者の体型には合っていなかったけど、キャラクターのイメージをはっきりさせたかったから。

このストーリーの中でヴィンテージが果たす役割とはなんですか？

デザイナーという立場から言うと、ヴィンテージはわたしのお道具箱に欠かせないアイテムよ。ヴィンテージものというのは、不思議なことに、着る人の個性を独特のかたちで引き立ててくれるの。ちなみに、古着とヴィンテージは別物よ。ヴィンテージは一定の古さと質を兼ね備えた特別なもの。長年大事に手入れしながら使ってきて、しかも、その制作年もおおよそわかっているものがあるなら、あなたも立派なヴィンテージ・マニアかも。それがどこにでもある倉庫みたいな店のものだったら、単なる古着好きだけど。

ブルックリンの女性たちはどんなふうにヴィンテージを着こなしていると思いますか？

実は、はっきりこれがそうだと見分けられないことが多いの。でも、それがヴィンテージの最高の着こなし方とも言える。ヴィンテージのすばらしいドレスを目にしたときって、たぶん、こんな感じの印象だと思う。「すごい、すてきなドレス！もしかして、あれヴィンテージ？」。

自分のファッションにヴィンテージものを取り入れるのがここ数年のトレンドね。でも、やりすぎになることもあるわ。以前、役者に全身古着を着せたことがあった。それで、撮影した写真を見て思わず言っちゃった。「これじゃ、まるでコスプレね」って。というわけで、普段着のコーディネートや衣装デザインにヴィンテージを取り入れるというのは、賭けみたいなところがあるのよ。ひとつまちがえると失敗するから。

世の女性たちは、このドラマに登場するファッションのどこを参考にしたらいいでしょうか？

もはやファッションにルールなんてものはほとんどないわ。ほら、スウェットパンツなんて、最近じゃどこでもはいていけるでしょ。世の中にはものすごくクールでおしゃれなスウェットパンツというのがあるから。でも、誤解してもらっては困るわ。何事もやり方次第ってこと。

人は自分らしさを表現するために毎日衣装を身につけています。服装には感情というものが出るように思いますが、その点はどうお考えですか？

ファッションは心理状態をそのまま反映できる。自分がどう感じ、それをどう表現するかということね。わたしは、そのファッションの特性をできるかぎりいろいろなところに応用したいと思っているの。

そもそも、わたしが服装というものに興味をもったのはそこだった。つまり、自己表現。人間は視覚的な動物よ。実際に声を聞いて相手の性格がわかるってこともなくはないけど、それより先に、どんな風貌でどんな服装をしているかを見ただけで相手のことがなんとなくわかるってことがよくあるでしょ。
　だから、衣装デザインをするときには、登場人物の心理状態や経済事情はもちろん、たとえば、職業とか趣味嗜好とか、信仰している宗教とか、そういうもっと深い部分まで一目でわかるようにしないと。そういう細かいところまでをすべて服装で表現しなければいけないの。体型がはっきりわかる服にすることもあれば、白衣を着せることもある。手術着とかね。制服もよく利用するわね。みんながよく知っているやつよ。看守とか警官とか郵便局員とか。
　「Girls／ガールズ」の場合、特にハンナとマーニーの対比に重点を置いているの。ハンナの服は、アイロンどころかスチームも当てないようにした。わたしには衣装班がいて、いつも完璧に衣装を管理してくれるのだけど、ハンナについては衣装班にあえて指示を出したわ。「そのドレスは、スチームを当ててから衣装袋の一番底に入れて、朝までそのままにしておいてちょうだい」って。衣装班も最初は納得いかなかったでしょうね。だって、衣装を床に落ちてた服みたいにわざとくしゃくしゃにするんだから。

ハンナの場合は当然そうですよね。マーニーのほうはどうしていたのですか？

　マーニーの衣装は、きちんと洗濯して、ドライクリーニングに出して、プレスもアイロンもスチームもばっちりかけたわ。マーニーの持ち物ということを意識して細かなところまで目配りした。イヤリング、ネックレス、指輪はマーニーの必須アイテムで、どんな場面でもつけさせた。ハンナもイヤリングはときどきつけたわよ。それから指輪も。ただ、ハンナはどんなファッションのときもはめるのは同じ指輪。そういうところはものすごく無頓着なわけ。とにかく、ふたりのキャラをはっきりと区別する必要があった。服選びだけじゃなく、衣装の下準備の段階でもまずそこを考えたわ。

ご自身は、ブルックリン・スタイルのどういうところに惹かれていますか？

　ブルックリン・スタイルを表現するのは難しいわ。だって、ようやくつかみかけたと思ったら、さらにその先にいってしまうから。ブルックリン・スタイルは常に進化しているの。

DRESS FOR LIFE

ライフスタイルにあったファッションとは？

なにをしていてもかっこいい女性というのがいるものだ。そんな女性をブルックリンではいたるところで見かける。地下鉄のホームで電車を待っている女性。颯爽と自転車に乗っている女性。子どもを学校の前で車からおろしている女性。犬の散歩をしている女性。ヒョウ柄のヴィンテージのコートにバギー・パンツというスタイルで子どもの送り迎えをしている女性もいれば、メキシコ風の刺繍をあしらったシンプルなワンピースにグラディエーター・サンダルを履いてファーマーズ・マーケットで買い物している女性もいる。くくり染め（イカット）や蝋染め（バティック）、ストライプなど柄物をうまく組み合わせて、違和感なく着こなしている女性もいる。

　そういう人は努力しなくてもかっこいいのだ、とため息まじりにあきらめるのは簡単だ。しかし、無頓着なのにそのままでかっこいい人などほとんどいない。ジェーン・バーキンに代表される永遠のファッション・リーダーと呼ばれる女性たちは、自然体のようでいて、実は見えないところで、自分のおしゃれを極めるためにそれなりの努力をしている。ロック歌手のパティ・スミスのように、タンクトップに黒のフェルトの山高帽という格好で、しかもノーメイクなのに、その無造作な感じがセクシーでかっこよく見える人はたしかにうらやましい。けれど、たいていの人にとって、おしゃれとは、想像以上に努力が必要なものなのだ。

おしゃれは大切だ。なぜなら、人は着るもの次第で気持ちが上向きになれるから。毎日のおしゃれで、どんな場面も切り抜けられるし、世の中とうまく渡り合うことができる。おしゃれは生活の一部なのだ。そこまでわかっていて、おしゃれをしない手はない。

幸いなことに、生まれながらにおしゃれのセンスがある人はいるもので、そういう人たちはあと一歩努力が必要な女性たちのよいお手本になってくれる。小柄で早口なカリン・スターは、ふたりの子どもの母で、クリントンヒルに住み、ファッション・コンサルタントとして生計を立てている。彼女はスタイリストとして、あらゆる女性たちのために、自宅のクローゼットまでわざわざ足を運び、最高の自分に生まれ変わる手助けをしてくれる。

「人って、自分のスピリットにぴったり合う服装を探すように心がければ、気持ちが明るくなるものなのよ」と、彼女は言う。

スターは、女性の毎日の行動パターンや、その行動をするときの服装に関心をもっていて、さらに、着る人の個性に合ったファッションを見つけるための相談にも乗っている。その一例として、スターはひとりの女性建築家の話をしてくれた。その建築家はクライアントが主にファッション業界の人間ということもあって、服装は、全身黒というコーディネートのことが多かった。黒なら無難だと考えていたようだ。

「彼女の家に行ってみて驚いたわ」と、スターは言う。「プレッピー・テイストだったのよ。ケイト・スペードの家ってあんな感じかもしれないわね。とにかく、ピンクとグリーンが基調で、壁紙はヴィンテージもの。思わず『どうなっているの？』って言っちゃった。それほど本人のイメージとギャップがあったのよ。ただ体型とか着るものとかって、母親にどんなふうに育てられたかというところまで遡って影響してきたりするの。精神的なことも政治的なことも全部関係してくる」。スターと何度も話し合いを重ねたのち、その建築家は、以前より色や柄を取り入れた斬新なプレッピー・ルックを着るようになったという。といっても、シルエットにはクラシカルな部分を残していたので、イメージとしてはオードリー・ヘプバーン風だったようだ。

カリン・スターのおしゃれ指数は日々上昇している。たとえば、住まいのあるクリントンヒル界隈を散歩するときでも、ブランド・ファッションでばっちり決めている。スティーブン アランのトレンチコートを羽織り、ブラウスはジバンシー。ジーンズはコテラックで、足元はドナルド・J・プリナーのパンプスというコーディネート。サングラスはカルティエのヴィンテージで、父親のおさがり。レザーとツイードを縫い合わせた中折れ帽は、イギリス人帽子デザイナー、ノエル・スチュワートの「デート・ウィズ・ザ・ナイト」コレクションに登場したもの。

> 流行はいつか過ぎるが、
> スタイルだけは変わらず残る

—Coco Chanel
ココ・シャネル

　スターは、女性に自分の個性やライフスタイルに合った服装を選んでほしいと考えている。それゆえ、女性たちには、スターの言うところの「使えるワードローブ」をもつことをすすめている。「使えるワードローブ」をもつとは、つまり、クローゼットにコーディネートしやすい服だけを揃えて、着替えから家を出るまで5分で済ませられるようにするということだ。

　「みんな洋服選びに苦労しているのよ」と、彼女は言う。「でも、服装が決まっていれば、イライラすることもないでしょ。わたしは服のことで無駄に悩むのが我慢できないの。いちいち考えるのも嫌だし。決め手は、それを着て『よし！』という気持ちになれるかどうか。それだけね」

　ただ、いくらかっこいい仕事用ワードローブをクローゼットから引っ張り出してきても、ブルックリンに住む女性たちは、地理的な事情で、服装に関してもうひとつクリアしなければ問題を抱えている。普通は朝、家を出たら遅くまで戻らない。1日の動きを考えてみよう。上司と朝食を一緒にとる女性もいれば、学校で授業を行なう女性もいる。子どもを公園に連れていくとか、ヨガ教室に行くとか、友達と夕食をとるとか、仕事が終わってから遊びに出かけることだってある（そう、この街は一晩中眠らない）。でも、家に帰って服を着替える時間的余裕はない。「だから、ブルックリンにいると、嫌でも用意周到になるのよ」と、スターは言う。「マンハッタンで働いていたり、マンハッタンに出かけたりして、途中で家に（つまり、ブルックリンに）戻るなんて無理でしょ。だから、ブルックリンの女性は自然と、着回し術が上達するの」

　服装選びの問題を、バッグ・イン・バッグの技を使ってうまく切り抜けている女性もいる。よくあるトートバッグのような大きめのバッグに、なにもかも放り込んでおくのだ。小さいクラッチ・バッグや長財布なども全部入れておく。小ぶりのバッグは夜の外出にとても重宝。それで、大きいバッグのほうは後ろに隠しておけばいい。重ね着ファッションも融通がきく。ワンピースか、あるいは、きれいめのパンツに袖なしのニットという組み合わせにしておいて、その上にジャケットかセーターを羽織れば、立派な通勤着になる。それで、いざというときは、羽織りものを脱いで、すてきなイヤリングをつけ、おしゃれな靴にでも履き替えれば、完璧！　いつでも衣装替えができるように、必要なものを揃えたバッグを手近なところに置いておくのはおすすめ。そこに、きれいな色の口紅とか、細めのベルトとか、ハンカチより少し大きめのシルクのスカーフ（髪や首に巻くとおしゃれ）とかを入れておけばいいのだから。ハイヒールかスニーカーも持っていたほうが便利（どちらを履くかは、選ぶファッションによって決まる）。

食とファッションをテーマにした雑誌「チェリー・ボンブ」の編集長、ケリー・ダイヤモンドが着ているのは、ギャビー・バソラがデザインするブランド、タッカーの、ネイビーシルクの柄ワンピース。自宅があるキャロル・ガーデンズ地区からほど近い地下鉄スミス・ストリート9丁目駅のプラットフォームにて。駅が高架状に造られているのは、下を流れるゴワナス運河を航行するマストの高い船がぶつからないようにするため。

とはいえ、ここまで事前に準備しておいても、それをうまく着こなすための努力は怠ってはいけない。そうしておけばおのずと安心感が生まれる。「無造作なのにかっこいい」というわけにはなかなかいかないが、そもそもおしゃれとは、数少ない選ばれし者たちだけが使える秘密の魔法ではないのだ。ファッション・リーダーと呼ばれる女性たちの中にも絶えず努力し続けている者はいる。

スタイリストのエイプリル・ヒューズとエクスペリエンス・デザイナー（訳注：ユーザーが商品やサービスに触れたときに経験する機能性や利便性を超えた価値をデザインする仕事に就いている人）のマリーナ・ブリーニは、ウィリアムズバーグに拠点を置き、人々から注目を集めているブティック、ビューティフル・ドリーマーズ（現在の店名は、オロボロ）の共同創設者だ。ふたりはそれぞれに別の道をたどり、さまざまな経験を積んで、ようやく装飾を抑えたボヘミアン・クールにいきついた。「自分の体型やライフスタイル、それに自分の思い描くイメージと一致する公式を導き出すまでにはそれなりに時間がかかるものよ」と、ヒューズは言う。

アラバマ出身で教師と牧師を両親にもつヒューズは、ファッションやライフスタイルを追求する生活とは無縁の環境で育っている。ファッション・デザインに路線変更する前は、大学で法律の勉強をしていたが、やがて、生活の拠点をニューヨークに移した。最初の就職先は雑誌「エル」だった。本人の記憶によれば、彼女は面接の日、よりによって黄色のチェックのリネン素材のサイズが合わないパンツスーツを着ていったらしい。「あんな格好でよく雇ってもらえたと思うわ」と言いながら、彼女は肩をすくめて笑った。

ウィリアムズバーグに立つ黒ずくめの女性ふたりは、マリーナ・ブリーニ（左）とエイプリル・ヒューズ。ご近所さんのスタンダード・プードルにごあいさつ。ふたりの着ているサンドレスはどちらも、ローワー・イースト・サイドにあるブランド、コレル・コレルのもの。ブリーニが身に着けているのは、レイバンのサングラスにシガーソン・モリソンのサンダル。ヒューズのサングラスはカレンウォーカー・アイウェアのもので、サンダルはマーロウ・グッズ。

愛犬のフレンチブルドッグ、アライアと自宅のあるサウス・ウィリアムズバーグ界隈を散歩する映像作家、タマラ・ロウ。お気に入りのアーネストソーンのダメージジーンズも、ラムスキンの袖がついた、ジッパーで着脱できる着回しのきくコートを羽織るとおしゃれになる。

テキサス生まれの女優でモデルのテイラー・ラシェが着ているのはコール ハーンのコート。特徴的な襟元のフォルムが定番のワードローブに花を添えている。

ファッションは日常生活の現実を
生き抜くための鎧である

— Bill Cunningham, street photographer
ビル・カニンガム　ストリートフォトグラファー

　ヒューズは現在も雑誌や広告、あるいは、有名人のスタイリストとして活躍している。彼女のファッションは進化し続けている。なぜなら、ストリート・ファッションからヒントを得ながら、さまざまな要素を自己流に組み合わせ、試行錯誤を繰り返しているからだ。ヒューズは、手持ちのワードローブの中の定番スタイルをうまく活用し、そこに装飾的なアイテムをプラスする方法を提案している。ベースとなる部分には、あえて無難なものを選ぶ。たとえば、リーバイスのヴィンテージ・デニムとか、デニムにデニムを重ねるとか。そこに、なにかひとつ、キモノ風羽織りとかジャケットとか、存在感のあるアクセサリーとか、テイストの異なる要素をプラスするのが彼女流。「誰しも一度や二度は、『なんでこんな格好しちゃったのかしら？　なんだかしっくりこない』と思って落ち込んだ経験があるでしょ。そうかと思えば、服と小物類を同系色でうまくまとめられたりすると、うれしくなって、我ながらよくやったってうきうきしたりして。服ってそういう力があるの」

　マリーナ・ブリーニは現在ビューティフルドリーマズ・ドットコムというライフスタイル関連のウェブサイトを運営している。フランス人とイタリア人のハーフで、幼少期をモナコのフレンチ・リヴィエラ市で過ごしたブリーニは、若い頃には昼休みに友達と学校を抜け出し、目の前に地中海が広がる大きな石がごろごろしている岩場まで行って、海に飛び込んだりしていた。ヘルムート・ニュートンが写真撮影をしているところに遭遇したこともあるそうだ。シャネルやクリスチャン・ディオール、グッチなど、そうそうたるクチュールのブティックが当たり前のようにある環境に彼女はいた。高級ブランドにはずっと興味があったものの、当時、ブランド品はもっていなかったようだ。そのかわり、彼女は独自のファッション・センスを見つけだすことに夢中だった。母親から裁縫を教わり、よく母娘でデザインを考えては、生地を買って遊び感覚でいろいろ作っていたという。

カジュアルでありながら、どこかクラシック。美しきおしゃれの達人、ジェシカ・リチャーズは、イザベル・マランのバイカー・ジャケットにフレームのジーンズ、ラグ＆ボーンのTシャツ、タビサ・シモンズのオックスフォード・シューズという装いで、レッドフックにあるヴァレンティーノ・パークの岩場を歩いている。100年前、レッドフックのこのあたりは、アメリカにとって船舶の主要寄港地だった。

成人して家を出たブリーニは、パリで数年間ひとり暮らしをしていた。商業法と会計学を学ぶかたわら、よくフリーマーケットにも足を運んでいた。当時の彼女は、ベルリン三部作（訳注：1976～1979年に制作された一連のアルバムの総称）時代のデヴィッド・ボウイに感化され、髪をオレンジに染めたり、ミニスカートをはいたり、ヒールの高いプラットフォーム・シューズを履いたりして、自分のスタイルを模索していた。ブリーニは、ヴィクトワール広場の近くでジャンポール・ゴルチエの服に身を包んだ長身の男性に会ったことを今も覚えているそう。彼女がその後ファッションの道に進むことになったのも、その出会いがきっかけだったと言えるかもしれない。彼女はその男性のファッションにすっかり心を奪われ、細部がどうなっているのか知りたい一心でゴルチエのブティックを探したとか。「ああいう繊細で隙のないスタイリングにいつも興味を惹かれるの」と、ブリーニは語っている。

　ニューヨークに移ったブリーニは、天職だと言ってくれた友人のすすめに後押しされて、結局スタイリストになる道を選んだ。ブリーニとヒューズはたまたま住まいが近かった。そこで、ふたりは自分たちの仕事に新たな展開を求め、ビューティフル・ドリーマーズをオープン。ヒューズは今もスタイリストとして活躍し、オロボロのオーナーを務めている。ブリーニは別の道を目指し、おしゃれなライフスタイルを提案する仕事に進んだ。

　オロボロは服やアクセサリー、アート作品やオーガニックの美容グッズが揃ったおしゃれなセレクトショップだが、その洗練されたイメージとは裏腹に、店内はツリー・ハウスの趣きを感じさせる。インテリアはナチュラル・テイストで、植物の鉢植えがいくつも置かれている。フロアと棚にはアンティークの木材が使われていて、服がかかっているラックも木の枝でできている。壁に下げられたテキスタイルのせいで無国籍な雰囲気も感じられるが、セレクトを見るかぎり、扱っているのは地元のデザイナーのものばかりのようだ。

> 無造作感を演出するためには努力が必要。
> 新しいコンバースを買ったら、
> わざと泥をこすりつけるのよ。
> そうすれば、新品に見えないでしょ

— Alexa Chung, model, international It girl, and British Vogue contributing editor

アレクサ・チャン　モデル、世界的なIt Girl。
イギリス版「ヴォーグ」のコントリビューティング・エディター

「なにを見ても、それがどこから来たものか気になるの。それを作っているのがどんな人で、どうしてそういうものを作るようになったのか知っておきたいのよ」と、ヒューズは言う。「自分が買うものは、作り手が誰かもわかってるわよ」。ちなみに、ヒューズが冬の間じゅうほとんど毎日かぶっているフェルト地のクライド風パナマ帽（訳注：映画「俺たちに明日はない」の主人公クライドがかぶっていたパナマ帽のこと）は、数ブロック先に住んでいる帽子デザイナーのダニ・グリフィスの作品だ。

　シーズンごとの流行の変化に対して、ブリーニとヒューズは、ベーシックな部分はあくまで変えず、そこに目玉となる旬のアイテムをプラスすることで対応している。ふたりはシーズンごとに主役になりそうなアイテムを決める。天候やその時期ならではのイベントなどをもとに考えることもあれば、自分たちが新しく見つけたユニークなアイテムにすることもある。もっとも、昔から愛用しているものをそのまま取り入れたりすることもある。そして、それをワードローブの中心に据えて、コーディネートを組み立てていくのだ。ヒューズの場合は、とりあえずヴィンテージのリーバイスを中心にスタイリングしていく。一方、ブリーニは、冬場は暖かいレザー・パンツのほうを好んではく。色やテクスチャーに凝ったアイテムを重ねて着ることもある。それで、その上から主張の強いジャケットを羽織ったりしている。「一度はまったらずっと着るの。もちろん毎日よ」と、ブリーニは言う。「いったんそのアイテムが好きになったら最後。それを着なくちゃ気が済まなくなるのよ。まあ、それで、最終的にはまた別のお気に入りアイテムにいっちゃうんだけどね。ただ、シーズンが変わるたびに、今を感じられるようなアイテムはとりあえずいくつか入れるようにしてるわ。自分が何度も何度も繰り返しやってきたスタイルを流行に合わせてバージョンアップしている感じかな」

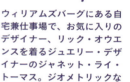

ウィリアムズバーグにある自宅兼仕事場で、お気に入りのデザイナー、リック・オウエンスを着るジュエリー・デザイナーのジャネット・ライ・トーマス。ジオメトリックなネックレスは、自身のブランドのモラトリアム・ラインのもの。

　スターもブリーニもヒューズも、毎日着るものを考えるとき、なにかしらコーディネートの基準になるものがないか考える。そして、彼女たちはその過程を楽しんでいる。彼女たちを見習い、自分のクローゼットを見直してみるといい。それで、シーズンが変わるたびに、クローゼットの中のなにをベースにするかを考え（お気に入りのコートでも靴でもなんでもよい）、それを中心にコーディネートを組み立てていくのだ。それと、ブルックリンで生活していくうえで、ブルックリンならではの決まりごとがある。それは、自分のライフスタイルを考え、それに合った楽でおしゃれで自分にぴったりのスタイルを見つけること。そのためには、時間をかけて自分なりに感性を磨くしかない。「ブルックリン流のおしゃれについてはよく話題にのぼるわ」と、ヒューズは言う。「昔はマンハッタンに行くと、この格好じゃまずいかしら、なんて気が引けたりしたものだけど、今はそういうことはないわね。わたしに関していえば、歳をとるにつれて、自分なりのファッションを見つけることが自分のライフスタイルを見つけることと連動してきた。結局、着ていて心地いいものが似合うのよ。そうはいっても、がんばっておしゃれすることもあれば、手を抜くこともあるわ。朝から晩まで出かけていることもあるし。わたしはあまり着飾るのは好きじゃないけど、デザイン性があるものや一点ものの高級品も大好きよ。まあ、そんな感じかな」

スタイリストのマリーナ・ムニョス。ウィリアムズバーグ・ブリッジ近くで撮影。「今着ているイッセイミヤケのジャケットはヴィンテージで、80年代初頭に作られたもの。わたしと同じ歳ね」と、彼女は言う。J.クルーのジーンズにラグ＆ボーンのブーツ。

Build a Working Wardrobe

使えるワードローブとはなにか？

　カリン・スターは、ホワイト＝スター・エステティック・コンサルティングの設立者のひとりで、自分をすてきに変身させてくれる妖精になってほしいとみんながあこがれる存在。彼女なら、単なるスタイリストという役割を超えて、相手の心の奥にまで目を向け、その人にとって一番ぴったりのコーディネートとはどういうものかを教えてくれる。ここでは、スターみずから、お気に入りのアイテムも取り入れながら、手早く着られて、しかも着心地のよいコーディネート、つまり、いろいろな意味で「使えるワードローブ」とはなにかを教えてくれる。

理想のクローゼット

　朝は5分で着替えができるのが理想的。手のかかる幼い子どもがいたら、せいぜいそれぐらいの時間しかかけられないし、そもそも、着替えの時間は短ければ短いほどいい。クローゼットの中に、上等な服を何着かもっておいて、それとうまくコーディネートできる、とっておきのベーシック・アイテムをいくつか揃えておく。自分のお眼鏡にかなうものをワードローブに加えておけば、どの服を選んでもきまるし、気分もあがる。どれもよくて、選ぶのが大変になるぐらいがちょうどいい。まちがっても「この3着はすてきだけど、残りは使えないわ」なんてことにならないように。

もし使えないと思ったら、誰かにあげる

　まずは、実際に着てみて、本当に自分に似合うかどうかを見極めること。たとえば自分が太ったとする。そういうときは、以前は似合っていたそのお気に入りの服は捨てないで、「将来着る可能性がある服」として、どこか別の場所にしまっておくの。それで、半年か1年後、そろそろいいかなと思う頃にもう一度袖を通してみるわけ。ただし、女性はどうしても自分には厳しくなりがちだから、それを忘れないで。わたしもファッションは大好きよ。でも、あまり理想を高くするとプレッシャーになるでしょ。モデルでもないかぎり、雑誌やポスターに載っている人みたいにはなかなか着こなせないものよ。

　もし1年半以上袖を通していない服があったら、思い入れのあるものとか、また着る機会がありそうな特別なものを除いて、あとは処分するの。ファッションってそもそもそういうものよ。手放すことで、また新たな出会いがある。着られないものを眺めていてもしかないでしょ。

　クローゼットに残しておくものを決めたら、あとのものを3つに分類するの。ひとつは、処分するか古着屋送りにするもの。もうひとつは、似合わないけれど高価な品。そういうものは委託販売をお願いすればいいわ。それで、残りは仕立て直しに出すの。

インスピレーションを得よう

　クローゼットの中の整理が終わったら、今度は足りないものに目を向ける。完璧なワードローブのために必要なものはないかを考えるの。ヒントとなるようなイメージを意識的に探して、自分の

美的感覚に合ったファッション・マップみたいなものを作るわけ。

まずは自分の生活に目を向ける。それで、自分があこがれる生活をしている人はいないか考えるの。知り合いでもいいし、有名人でもいいわ。そうしたら、その自分の理想のライフスタイルが実現可能かどうか見定める。実生活と比べてみてどうかしら？　企業弁護士の身でケイト・モスのファッションにあこがれても、そこはさすがにちょっと無理があるけど、着こなし方ならまねできるところもあるかもしれない。ケイト・モスやジェーン・バーキン、ローレン・ハットン級のファッション・リーダーって、実はそんなに極端な格好はしてないのよ。ただ、コーディネートが上手なだけ。それぞれのアイテムが最大限に引き立つように全体をスタイリングするのが彼女たちのやり方ね。

新しい視点で買い物をする

いざ買い物に行くことになったら、普段は選ばないようなものに挑戦してみて。前に「やっぱり似合わない」とあきらめて、5年ぐらい試していないようなものでもいいわ。ずっと着ていなかったものを試しに着てみるの。たとえば、いつもワイドパンツばかりはいているなら、思い切ってスリムなパンツにしてみる。普段はワンピースしか着ないなら、あえてパンツをはいてみる。型紙も生地も昔より劇的に進化しているわ。服飾業界の技術革新は目覚ましいの。ジーンズのはき心地が驚くほどよくなっているのには理由があるのよ。とにかく、まずは形やシルエットでいろいろ試してみてほしい。

実際にいろいろなスタイルや形を見たかったら、最初は品揃えの多い大型店に行ったほうがいいわ。そのあとで、セレクトショップみたいなもっと小さいお店を覗いてみたらいい。それから、もしこの人なら信頼できると思える店員さんがいたら、その人にできるだけ正直に話すこと。自分のことは自分が一番わかってるでしょ。どんな服を着ようと思っているとか、どんな服は着たくないとか、予算はどれくらいとか、できるだけ具体的に。

自分を生かせるスタイルを見つける

これが一番難しいところね。ここをしっかりおさえておかないと。少し時間をかけてクローゼットの中の服を試着してみて。鏡の前に立って、写真を撮って、その写真をデスクの上に並べてみる。あらかじめ組み合わせのパターンをいくつか作っておくの。そうすれば、大事な会議があるときに、わざわざコーディネートを考え直さなくてもいいでしょ。ちょっと思い出してみて。ここ数週間のうちで、自分でもよく似合っていると思った着こなしはどれ？　それで、その組み合わせをもう一度着てみるの。まずはそこからね。

改めて見直す

3年から5年ごとに、時間をかけて見直すこと。ライフスタイルが変わるときは、助言を求めたくなるものよ。結婚したり、職を探したり、子どもが生まれたり、引越したり、いろいろあるでしょ。女性の生活は変化の連続で、変化するたびに、世間に対する自分の見せ方が変わってくる。服装は大切よ。そこは常に頭に入れておいてほしい。

ちょっとブレイク…
Interlude... 靴について
SHOES

ブルックリンは歩いてどこへでも行ける。
だからこそ、靴は、おしゃれであると同時に歩きやすくなければいけない。

　ブルックリンに住んでいる女性は、どんなにおしゃれ好きでも、普段、ピンヒールの靴はクローゼットにしまってある。ピンヒールでは地下鉄まで歩いたり、自転車に乗ったりできないから。デザイナー、キャリー・ヴォーン（右）が履いているような、ヒールがしっかりしたプラットフォーム・シューズのほうが街を歩き回るには適している。写真家スカイ・パロット（下）は、内側に羊毛を貼ったNo.6のクロッグ・ブーツ（または、右下の茶のブーツ）がお気に入り。このブーツは、肩の力が抜けたブルックリン・スタイルには欠かせない定番アイテム。

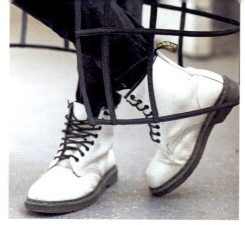

　デザイナー、ベッカ・マッカーレンの白のドクターマーチン（上左）は、履けば履くほど風合いが増してくる。ダンサーのエル・アードマンの履いている茶のアンクル・ブーツ（上右）もそこは同じ。また、フローリストのイングリッド・カロッツィが履いている人気の高いニルソン・シューズのワーク・ブーツ（下右）もここまで履き込まないと本当のよさは出てこない。モナ・コワルスカが履いているヒールの太いア・デタシェのミュール（下左）は、スカートと合わせればドレスアップになるし、ジーンズと合わせてカジュアルダウンもできる。そのうえ、どこまで歩いても疲れない優れもの。

　　　　　履き心地がよくておしゃれな靴を探すのは簡単
じゃない。ヒールの高さより靴の形を考慮するこ
と。ボリューム感のあるデザインは重たい印象を
与えるし、見た目がどっしりした感じになって、
体型より靴のほうに目がいってしまいがち。ライ
ターのキャサリン・ハケットが履いているグレー
のグラデーションが入ったベルナッキーニのブラ
ンドINKの靴（左）は重くなりすぎないから、ス
カートに素足で履いても洗練された印象になる。
ビューティー・エキスパート、ジェシカ・リチャ
ーズが履いているツートンカラーで先の細いタビ
サ・シモンズのオックスフォード・シューズ（
上）は、スキニー・デニムとのバランスが絶妙。

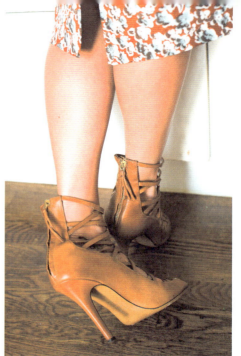

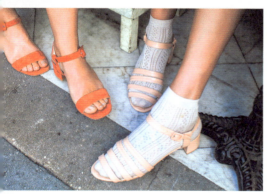

（左上から時計回りに）
ソールがコルクのビルケンシュトックのサンダルは50年以上愛されてきたアイテムで、今でも充分におしゃれ。もちろん、ブルックリンの女性たちはみんな、イザベル・マランのサンダルのようなヒールのある靴も大好き。映像作家のタマラ・ロウが履いているローヒールの靴は、犬の散歩に好都合。かつてはお行儀が悪いとされていたサンダルにソックスというスタイルは、数年前にバーバリープローサムのコレクションでランウェイに登場し、プラダやエルメスも後に続いた。つまり、ファッションにルールはないということ。

WEAR YOUR TRIBE

自分のトライブ^{種族}を着こなす

ト<small>種族</small>ライブを着こなすとはつまりこういうことだ。たとえば、ワックスプリント（訳注：西、中央アフリカで愛用されているロウと木版ブロックを使った染め布）のカラフルなコットン・スカートに、ダシキ（訳注：アフリカで着られる色彩の鮮やかなふんわりしたシャツ）を合わせ、そこにビーズのバングルを何本もはめる。さらに、大きめのイヤリングをつけて、フリンジをあしらった柄入りのスカーフをあえてゆったりとドレープさせて肩にかける。ここでいうトライブとは、人種に限ったことではない。トライブを着るとは、つまり、個性を出すということ。そこには文化的環境とか、職業とか、民族とか、宗教とか、そういうもの全部が含まれる。どういうトライブの人間であるかということが、自分の信条の基礎となり、ときには、美意識にも影響を与えるのだ。

　この広い意味でのトライブを表現するファッションが育まれる場所こそブルックリンなのだ。ここには、ニューヨーク市民の3分の1にあたる人々が暮らしていて、ニューヨーク市でもっとも人口が多い区となっている（ちなみに、マンハッタンに住んでいる人の数はニューヨーク市民の4分の1にも満たない）。さらに、ブルックリンには、約184平方キロメートルという面積の中に、数で言えば100に届くぐらいのさまざまなトライブが暮らしている。腕にタトゥーを入れたロッカーたちがいるかと思えば、その隣に黒のロングコートを着た白髭の敬虔なユダヤ教徒が住んでいて、その通りの先では歯にグリルをつけたB-BOYやB-GIRLたちがたむろしている。そこから数ブロック離れた場所では、イタリア人のおばあちゃんたちが部屋着姿で折りたたみ椅子に座りながら、その界隈の住人全員の行動を観察している。

　ファッション好きは、そのトライブならではのファッションスタイルにもうひとつアレンジを加えて、自分らしさを演出する。ロシア系アメリカ人のクセニヤ・ローズは正真正銘のミューズだ。キエフで生まれ、ブルックリンのロシア人街ブライトン・ビーチ地区で育った彼女は、リトル・オデッサ（訳注：ウクライナにあるオペラ・バレエ劇場）と呼ばれていた。彼女の母親はソヴィエト時代プリマ・バレリーナだったのだ。家族でアメリカに移住すると、ローズの父親は船舶輸送の事業を興し、それなりの成功をおさめた。

ブッシュウィックにある、自身が経営するカフェ、ディリンジャーズの近くを歩くクセニヤ・ローズは、ベッドスタイのラッパー、ノートリアス・B.I.G.（ビギー・スモールズ）の顔がデザインされたレギンスをはいて、ブルックリンのヒップホップ熱を煽った。ローズが履いているペンキの飛び散ったハイカットのスニーカーは彼女のロシアン・スタイルに色を添えている。

マートル・アヴェニューの高架下を
歩くローズ。もっているのはMCM
のバッグで、中身はジム用品一式。

ブライトン・ビーチに住む裕福なロシア人のアメリカン・ライフは、ビバリーヒルズのマダムたちの生活にも匹敵するほど豪勢で、シャネル、ルイ・ヴィトン、ヴェルサーチ、フェンディといった高級ブランドの服を身につけ、長い毛皮に長い爪、高いヒールにしっかりメイクで、さらに、大きな宝石をジャラジャラつけるといった暮らしぶりだ。「ロシア人というのは、生活保護を受けるような状況に陥っても、まだ高級品を手に入れようとするの」と、ローズは言う。

ローズは画家で、グラフィティ・アーティストでもあり、ブッシュウィックでディリンジャーズという名前の小さなカフェを共同経営している。デザイナーズ・ブランドの服は普段からよく着ているが、カフェで働いているときは、あちこちに絵の具が飛び散っているシャネルのスニーカーに着古したグレーのシャネルのTシャツとレギンスというスタイルが定番で、メイクもしない。忙しく階段を上り下りしながら、厨房でできあがった最高においしいペリメニ（ひき肉を薄皮で包んだロシア料理）とエスプレッソをテーブルに運んでいる。

フォートグリーンにある彼女の自宅アパートのクローゼットには、さまざまな想い出が詰まっている。ローズは、くるぶし丈のヴィヴィアン・ウエストウッドのドレスを引っ張り出してきて、実は安全ピンで裾上げしてあるのだと教えてくれた。クローゼットには母が着ていたという1989年のヴェルサーチのドレスや、ヴィンテージ・プリントのエミリオ・プッチのシース・ドレスも並んでいる。「こういう年代物のヴィンテージ・ドレスは今でも着られるの」と、彼女は言う。「きめすぎないで、カジュアルダウンして着るのよ」。実際、そういうドレスにビーチサンダルを合わせて海辺に出かけたりするらしい。

ローズはクローゼットのさらに奥を探り、レオパード柄の服を何着も見せてくれた。その中には、床に引きずるほど長いドルチェ＆ガッバーナのドレスやシルクのブラウスも含まれている。片手にドレス、片手にブラウスを持って、彼女は言う。「こういうところはとてもロシア人ぽいわね。レオパード柄はいくらもっていても足りないくらい。そこはずっと変わらない。昼間はこっちのレオパード柄を着て、夜はあっちのレオパード柄を着るって感じかな。むしろ、どうしてみんなはそうじゃないのか不思議だわ」

エレクトロニック・ミュージシャン、ヴァンダナ・ジェインは、彼女の故郷インドのバンガロールの影響とロック・テイストをミックスした独自のスタイルを確立している。ウィリアムズバーグの自宅のロフトでくつろぐジェインは、アシュトン・マイケルのハーレム・パンツにインド風のトップスを合わせ、上からダスト＆ドラッグで買った透け感のあるキモノ風トップスを羽織っている。まさに、サリー・シックと呼ぶにふさわしいコーディネート。

次に、ローズはレギンスが入ったバスケットを引っ張り出してきた。ベッツィ・ジョンソンのピストル柄のピンクのもあれば、宇宙にいるネコの柄のもの、金の王冠をかぶった巨漢のラッパー、ビギー・スモールズの顔がちりばめられたバーガンディ色の究極の逸品（H&Mのレギンス。必ずしも高価なものばかりとは限らないようだ）までいろいろ揃っている。夫のランバンのシャツを失敬してきて腰に巻いたり、エルメスやディオールのヴィンテージのシルクのスカーフを頭に巻いたりすることもある。

　一度も使っていないシャネルのイヴニング・バッグのように、ローズのクローゼットの中には宝の持ち腐れになっているものがいくつもある。それはそれで、大事に扱っていることになるが、逆にわざとぞんざいに扱うこともある。そこが、ブルックリン・ブロンデというブログの管理者、ヘレナ・グレーザーに代表されるアメリカに住むファッショニスタのロシア人とはちがうところだ。グレーザーも、ローズと同様、ブルックリンに住んでいるロシア人だが、彼女がルブタンを履いて出かけるときは、その高級な靴にふさわしい装いをする。一方のローズは、同じルブタンを履くにしても、ひざ上でカットした切りっぱなしのダメージ・デニムにヘルムート・ラングの黒のタンクトップを合わせ、さらに、おばあちゃんのバブーシュカ（訳注：頭にかぶってあごの下で結ぶロシアのスカーフ）を頭にかぶったりする。また、母親の毛皮のコートを無造作に羽織っている姿もよく見かけられている。「そういうところは無頓着なの」と、ローズは言う。「愛用のシャネルのスニーカーもペンキが飛んじゃってるし。だけど、そこまでこだわって、神経質になる必要があるかしら？　所詮は物でしょ。だったら、どんどん着て楽しめばいいじゃない。それでくたびれてきたら、それまでの運命。好きなものをゲットしたら、とにかく使わないと。じゃなきゃ、なんのために手に入れるの？」

ロングボード・スケーターのプリシラ・ブイヨンとエミナ・カドリッチは、切りっぱなしのデニム・ショートパンツにヴィンテージのTシャツという姿でストリート・アート・ギャラリー、ブッシュウィック・コレクティヴにたたずむ。

> ストリート・ファッションの歴史は『トライブ（種族）』の歴史である。ズート族、ヒップスター、ビート族、ロッカー、ヒッピー、ルード・ボーイ、パンクスなどなど……

—Ted Polhemus, anthropologist
テッド・ポレマス　人類学者

ローズのもとを訪れたあと、正統派ユダヤ教徒の姉妹スタイリスト、シミ・ポロンスキーとチャヤ・チャニンとばったり出くわした。ふたりとも、ニューヨークのIt Girlに共通する審美眼と感性をもっている。ポロンスキーとチャニンはクラウンハイツで、フロック・スワップという名の事業を興し、高級品を扱う委託販売の店を経営しながら、コンサルティング関連のサービスも行なっている。どちらも既婚で子どももいるが、子持ちの主婦にありがちな黒のロングスカートや体型が出にくい長袖の黒のトップスなどは着ない。クセニヤ・ローズと同様、自分が属しているカルチャーにならってユダヤ教徒ならではのスタイルは守りながら、それと同時に、自分らしさもファッションに反映させている。

　ポロンスキーとチャニンはオーストラリア、シドニー郊外の海沿いにあるクージー・ビーチの出身で、ユダヤ教指導者(ラビ)の娘としてしつけの厳格な家庭に育ち、服装も厳しく制限されていた。正統派ユダヤ教の女性は、ひじ、ひざ、胸元、髪を隠すのが決まりになっている。ふたりが住んでいた海岸沿いの町は、シドニーだけに夏が果てしなく長く、安息日(シャバット)である土曜日には、家族で連れだって炎天下の中を歩いて礼拝に向かったそうだ。オープンカフェで座っているビキニ姿の女の子たちを横目で見ながら、幼い姉妹は露出の少ない地味な服を着せられ、黒いズボンにヤムルカと呼ばれる小さい帽子をかぶり黒いひげを生やした父親の隣を歩かされた。「大人になって、一番やってみたかったのは、ビキニを着ることだった」と、ポロンスキーが言う。「それが、わたしたちのファッションにものすごく影響を与えたのはたしかね」とチャニンが言葉を添えた。「だからといって、そのままビキニを着るわけにはいかないわよ。守らなければいけない最低限のルールはあるのだから」

クラウンハイツの自宅近くにいるシミ・ポロンスキー(左)とチャヤ・チャニンの姉妹。ふたりはマンハッタンのヴィンテージ・マーケットで六角形の柄が入った青い長めの羽織り物を買った。「シミは自分のものだと思ってたみたいだけど、結局、ほとんどわたしが着てたわ」と、チャニンは言う。ポロンスキーは、ステラ・マッカートニーのジャケットに、マーカス・ルプファーのチュニックを着て、ダイアン・フォン・ファステンバーグのパンツをはいている。ネックレスはSBNYアクセサリーズのもの。

ポロンスキーは、髪がブロンドで、最近は、プラダやミュウ・ミュウのニット・アンサンブルに膝丈のスカートというスタイリッシュな学校教師風のスタイルがお気に入りだ。髪がブルネットのチャニンは、ドルチェ&ガッバーナ風のボヘミアン・シックが好きで、花柄のエスニックなドレスや、大きめのイヤリング、カラフルな色使いを好んで取り入れている。ふたりとも、自分のテイストに合わせて中性的なイメージの黒のアイテムを重ね着することもある。特にお気に入りなのは、ヨウジヤマモトやアレキサンダー・ワン。ふたりのファッションには、オーストラリア人らしいおおらかさに加え、地味な色合いのオーソドックスな服を重ね着するユダヤ教徒ならではの習慣が色濃く表れている。好みの服やデザイナーこそちがうものの、この姉妹は、正統派ユダヤ教の基準から外れた服装は絶対にしない。ウィッグをつけることもあるが、きっちりとオールバックにしていて、それがあまりに自然なので、ウィッグとはわからない。
　「ユダヤ教の女性は『屋根の上のバイオリン弾き』みたいに、くるぶし丈の黒いゆったりした服を着て、ショールで体をすっぽり覆っていると思っている人が多いの」。チャニンがそう言うと、すかさずポロンスキーも口をはさむ。「わたしたちが正統派ユダヤ教徒だと言うと、みんなびっくりするのよ。21世紀のこの時代に！って。わたしたちはなにも、ニューヨークという流行の最先端の街に住んでいる人に、ユダヤ教徒の女性はかっこいいって言わせたいわけじゃない。そんな気はさらさらないわ。みんながわたしたちの姿を見て、『ほら、あの人たちすてきじゃない！』と、思ってくれたらそれでいいの。わたしたちのことを二度見して、『あれ、でも、なんだか地味だな。そうか、ユダヤ教徒なんだ！』なんて言ってくれたらもう最高。それこそがわたしたちの目指しているところよ。おしゃれですてきに見えるけど、どこか奥ゆかしさが感じられるファッションね」
　自分のトライブをファッションで表現することは、自分自身を顧みることにつながると感じている女性は多い。ライフスタイルを紹介するウェブサイト、アーバン・ブッシュ・ベイブスの共同創設者であるシプリアーナ・クアンは、長年自分のファッションを模索してきた。そして、ついにそれを見つけたとき、彼女は言った。「獣は解き放たれた」と。双子の姉妹、シプリアーナ・ク

アンとタケンヤ（TKワンダー）・クアンがメリーランド州ボルティモアで幼少期を過ごした80年代は、ソバージュやカールでボリュームアップしたヘアスタイルが全盛の時代だった。姉妹は「コスビー・ショー」(訳注：1984〜1992年にアメリカで放送されたシチュエーション・コメディのテレビ番組)に登場していたファッション・アイコンのリサ・ボネットや、また別のテレビ・シリーズ「21ジャンプストリート」の登場人物ホリー・ロビンソン・ピートにあこがれていた。しかし、そういう物語の登場人物以上に姉妹が尊敬していたのは母親のシーラ・クアンだった。彼女は医療用品会社のCEOを務めていて、若い頃はソウル・ミュージックのバンドで歌っていた。シプリアーナによれば、母親はダイアナ・ロス並みの衣装持ちだったそうだ。クローゼットにはペンシル・スカートやハイウエストのスラックスのような仕事着のほかに、週末に着るカラフルな柄物の服や歌手時代の豪華な衣装が並んでいたという。

クセニヤ・ローズが選んだのは、ウィリアムズバーグの古着屋で買った、襟にビーズがついた絞り染めの90年代のドレス。バレンシアガのバッグの肩ストラップをベルト代わりにしている。

姉妹が13歳になったとき、シーラは髪を縮毛矯正し、長めのカーリーヘアにした。(いわゆる、ジェリー・カール風のヘアスタイル)。母にあこがれていたシプリアーナとTKは母と同じヘアスタイルにし、数年後に父親が亡くなるまで、なんとかその髪型をキープしていたが、すでに限界にきていた。パーマ代がかかりすぎたのだ。TKは髪をバッサリ切った。シプリアーナは、伸ばし放題にした天然の髪にストレートパーマをかけた髪を混ぜながら、徐々に編み込みヘアに変えていった。TKは自分の髪型に満足していたが、シプリアーナのほうは自分の髪質を受け入れる気持ちになかなかなれなかったようだ。

姉妹がニューヨークに移った頃もそういう状態が続いていた。TKは新進気鋭のラッパー兼シンガーソングライターとして活動。シプリアーナは10年間プロのモデルとして活躍していたが、そんな幸運に恵まれながら、モデルの仕事を嫌っていた。扱いづらい髪質は彼女にとって依然として悩みの種だった。「みんなに言われたわ。君はそれでいいけど、こっちはその髪質をどう扱っていいんだか、って」と、本人は言う。「その言い方になにかひっかかりを感じていた。いつも心の奥で他の声が聞こえていたの。ねえ、実際のところ、このヘアスタイルのどこがだめなの?って。たしかにあの頃は今ほど気に入ってはいなかったわよ。でも、そこまで変だとも思ってなかったのよね」

心にわだかまりを残したまま、ファッション業界の圧力に流されて、シプリアーナはまたしても縮毛矯正をかけることにした。ところが、今度はパーマ液が合わず、髪が毛根から抜けてしまった。このことは、モデルの仕事にも髪にも深いダメージを与えた。シプリアーナはエクステンションをつけ、髪をいじるのをやめた。髪型が天然の縮毛に戻ってしまったシプリアーナは仕事を失い、モデル業を続けられなくなった。けれど、彼女は髪型を変えることにも自分自身を変えることにも疲れ果てていた。「もうそういう人間ではいたくなかったの」と、彼女は説明してくれた。「そういうことをしていると、自分という人間も自分の理想とする姿も変わっていってしまう。自分のイメージも母のイメージも変わってしまうのよ。わたしたち姉妹は母にあこがれ、母を尊敬しているの。わたしのことをきれいじゃないと言う人がいたら、それはわたしの母も否定していることになるのよ」

ブッシュウィックにあるLラインのジェファーソン・ストリート駅近くに立つシプリアーナ・クアン(左)とTKワンダー。グラディエイター・ヒールにヴィンテージを組み合わせたコーディネート。

自分のトライブを着こなす＊83

すると、意外なことが起こった。天然ヘアがシプリアーナのファッションを変化させたのだ。髪が膨らめば膨らむほど、心が自由になるのを感じた。彼女はファッションについてもアプローチを変えていった。本人は現在のスタイルを「いいとこどり」と呼んでいる。70年代のウッドストックの雰囲気にも惹かれているし、90年代のグランジ・ファッションにも関心をもっている。キモノ風トップスも大好きだし、フリンジ付きのものや、ロング丈、レザー、レース、スエードなどもお気に入りアイテムだ。

　シプリアーナのファッションがますます独創的になっている一方で、TKは自分のファッションに定番のアイテムを取り入れることが多くなってきた。TKは若い頃の過激なファッションにきまり悪さを感じている。スケスケのピンクの網トップスにゼブラ柄のミニスカートを合わせ、ゴシック風のニーハイ・ブーツを履いて平気で学校に通っていた。それが、Tシャツとジーンズで出かけるくらい、彼女にとっては自然なことだったのだ。TKは今でも明るい色の服が好きだが、最近は落ち着いた色合いを好むようになってきた。「わたしももういい歳だしね。あの頃はこの人のファッション・センスにあこがれていたのよ」。TKは双子の片割れを指さしながらそう言った。

天然の髪質を生かしたヘアスタイルの黒人姉妹、TKワンダー（左）とシプリアーナ・クアン。

> 自信は、人がもっている
> もっともすばらしいアクセサリー

—TK Wonder, DJ/musician
TKワンダー　DJ／ミュージシャン

　姉妹はヴィンテージが好きで、お互いのクローゼットの服をこっそり拝借して着ている。ふたりとも現在はブルックリン在住で、シプリアーナはブッシュウィックに、TKはプロスペクトハイツに住まいを構え、広告キャンペーンやファッション・ウィーク用の衣装のコーディネートなど、姉妹でコラボレーションできることを模索中。この10年はふたりとも髪をいじることもせずそのまま伸ばしている。ふたりのイメージはすっかり変わった。シプリアーナは髪をひとつかふたつにまとめて上に巻き上げていて、TKは太めの編み込みを何本も作って後ろに流している。
　「ショートでもロングでも、どんなヘアスタイルを選ぼうと、髪は美しいわ」と、TKは言う。「あの頃のわたしにとって、髪はただの髪じゃなかったの」。シプリアーナが言い添えた。「自分のあるべき姿、つまり、素の自分になろうとしたことがわたしにとってターニングポイントになったわね」
　2013年、「ヴォーグ」はシプリアーナをその年のベスト・ドレッサー・オブ・ブロガーに選んだ。本来の髪質を生かしたヘアスタイルにすることで、シプリアーナは他の誰でもない自分になる勇気をもつことができた。ウェブサイト、アーバン・ブッシュ・ベイブスを通じて、彼女は今、女性たちに天然のヘアスタイルを受け入れるよう働きかけている。一方、ローズやポロンスキー、チャニンは、真逆のアプローチで、トライブの枠に抵抗し、常識という伝統の縛りを押し広げようとしている。どちらのアプローチであれ、自分の個性を周囲に示すことに変わりはない。他者との類似点を見つけるにしても、パンクスのように反抗を示すために服を着るにしても、いずれにせよ、そういう行為自体がすでにひとつのトライブを表していることになるのだ。

Q&A

アクティビストで、CNNコメンテーターのミカエラ・アンジェラ・デイヴィスに聞く

ブルックリンに長く住んでいるイメージアクティビストで、雑誌「エッセンス」や「バイブ」のファッション・エディターを務めた経験があり、現在はメディア・コメンテーターとしても活躍しているミカエラ・アンジェラ・デイヴィスは、ブルックリン・スタイルの進化を独自の視点で見つめている。デイヴィスは1982年にニューヨークに移り住み、写真家リチャード・アヴェドンのスタイリスト助手の職を得るという幸運に恵まれた。彼女はヒップホップの誕生を目撃し、今もその視線は都会に生まれるカルチャーに注がれている。

ブルックリン・スタイルの定義はなんですか?

それは簡単よ。クリエイティヴであること。細かいところまで気を配って念入りに身だしなみを整えるタイプの人とは真逆のライフスタイルに見えるわね。たとえば、マディソン・アヴェニューなら、髪をきっちりとまとめてこぎれいなバッグを持ち、体型にぴったり合ったスーツを着る。ところが、ブルックリンでは、みんな堂々と自分を貫いているの。それぞれみんな、自分のスタイルという名のサウンドトラックがあるって感じかな。
みんながどんな格好をしているのかを見るためだけに、わたしはブルックリンに出かけていくの。ブルックリンの人たちの服装が、アトランタやそれ以外の州の数年後の流行を決めているような気がするわ。

具体例を挙げてください。

たとえば、ハーレム・パンツ。でも、男性がはいているのよ。一般的になったのはスキニー・デニムかな。ヒップスターがはいていたの。ヒップホップ・バージョンは腰ばきだったわね。最近は長くてきれいな髪の男の人を見かけるわ。それと、女性は天然の髪質を生かしたヘアスタイルがはやってるわね。
カリブ系の移民たちを祝うウエスト・インディアン・デー・パレードに行ったら、ネイル熱がすごいことになっているわよ。あそこに参加している女の子たちは、とうの昔にすでに凝ったネイルをしていたわ。あそこで、ネイルアートを見たときのことはよく覚えてる。「わあ、なにこれ!信じられない!」って感じだった。それが今じゃ大流行。

ブルックリン・スタイルはこの数年でどんなふうに変化してきましたか？

　80年代、ブルックリンはアフリカ文化を進歩的な目で捉えていたわね。当時のアメリカにはそういう捉え方をしている場所はほかになかった。まさしくその中心にあったのが、フォートグリーンよ。エリカ・バドゥがそこに住んでいたの。みんなおしゃれなドレッドヘアをしてた。ラスタファリアンだったわけじゃないわよ。トライブ特有の髪型や服装にこだわるという発想は、そもそもアフリカ文化の影響だったの。

　今は、もっといろんな格好をするトライブが集まっている。たとえば、ヒップスターとかロカビリーとかスケーターとかナード・シックとか。さらには、それぞれのファッションがごちゃまぜになって、「ミップスターズ」なる集団が登場してくるわけだけど。ミップスターズって、ムスリムとヒップスターの混合で、つまり、おしゃれなイスラム教徒ってこと。

　それとね、ブルックリンではお互いの文化を取り入れあっている。たとえば、天然パーマのアフロヘアの女性がタトゥーを入れているとか。そこがトライバルなのよ。それで、その女性がレナ・ダナムさながらに、色あせたサンドレスを着てスケートボードに乗っていたりするんだから。そういうところがわたしには本当におもしろいの。言葉でジャンル分けできないファッション。これぞまさしく文化交流でしょ。

ヒップホップはストリート・ファッションにどんな影響を与えているのでしょう？

　実は、わたしが最初にストリート・ファッションに目を向けたのはヒップホップがきっかけだったの。独特のファッションで踊る彼らの姿は衝撃的だった。ヒップホップ・ファッションって機能的なのよ。アディダスのスニーカーやジャージだと踊りやすいでしょ。キャップを前後ろにかぶっていると、グラフィティ・アーティストみたいに見えるし。その後、ネームネックレスやドア・ノッカーイヤリングが流行してきたの。それは新鮮だったわ。だってそうでしょ？　彼らは、毎日なにかしら新しいものを取り入れて、それを誰も思いもつかない方法で着こなしていたから。ジャージの上下をおしゃれなファッションに変えたのもあの人たちよ。その後、ヒップホップはデニム産業に変化をもたらした。ダイヤモンドを昼間につけるのも、デニムを夜の外出にはくのも当たり前になったのは彼らのおかげ。そんなこと、昔はありえなかったもの。

　ストリート・スタイルは常に世の中でどんなことがはやっているかを教えてくれる。高級ファッションは、たしかに芸術の世界でどんな発想が生まれているかを教えてくれるかもしれない。ただ、目の前の世界で何が起こっているかを知りたいなら、ストリート・ファッションを見ることね。

Interlude... ハットについて
HATS

「ハットは服装の個性を引き立て、表情豊かに見せてくれる。そして、なによりハットとはファッションなのだ」。イギリス人帽子デザイナー、スティーヴン・ジョーンズはそう言っている。コーディネートの最後の仕上げにハットを。

ハットをかぶらないのは、靴を履かないのと同じ。ブルックリンで人気の帽子デザイナー、ダニ・グリフィス（上）は、服装はあえてシンプルなシルエットにして、自身のブランド、クライドの、つばが大きい麦わら帽子を引き立てている。

（右上から時計回りに）
エース・アンド・ジグのキャリー・ヴォーンは、白黒のチェック柄に赤いハットでアクセントをつけている。
ロングボード・スケーターのナタリー・ヘーリングがかぶっているのは、ラグ＆ボーンの中折れハット。
ビューティ・ブティック、シェンのジェシカ・リチャーズは、ヘレン・カミンスキーのヴィンテージのフェルト製ハットがお気に入り。
オグン姉妹のうち、ダイナスティがかぶっているランシャンテールのカモのくちばしのようなキャップは自身のデザイン。ソウルがかぶっているのは、つばのないヴィンテージの革の軍帽。

実用的で表情豊かなハットは、似合っていればさまになるし、しっくりくる。スタイリストのマリーナ・ムニョス（左）がかぶっているヴィンテージのノーマ・カマリのステットソン（訳注：縁の広いフェルト製ハット）は少し大きめだが、よく似合っている。「どんな服装でもこのハットをかぶるとかっこよくきまるの」と、彼女は言う。「たとえパジャマでもね」。スラブ人風の毛皮の帽子をかぶる画家のスザンナ・ウェインハウス（下）。

グレーがかった黄色のベレー帽にケーブル編みのタートルネックというスタイルで女性らしく甘えたようなポーズをとる女優テイラー・ラシェ（右ページ）。

WEAR YOUR CONSCIENCE

良識を身にまとう

さまざまな理由で、ブルックリンは持続可能性(サステナビリティ)が進んだエリアとして評判を集めるようになったが、その始まりは1998年に遡る。その年、アンドリュー・ターロウというひとりの画家が、ウィリアムズバーグに「ダイナー」という名前の小さなレストランをオープンさせた。当時、その界隈は都会のはずれの殺風景な場所で、コンクリート打ちっぱなしのロフトスペースが並んでいたが、賃貸料が安いこともあって、クリエイティヴなことを目指す人々には人気を集めていた。ターロウがウィリアムズバーグ・ブリッジの下で、1920年製のクルマン社の食堂車をレストランに仕立てて営業を始めると、その界隈の住人が集って食事をするようになった。地産地消志向の強いキャロライン・フィダンザがシェフを務めるだけあって、ダイナーではファーマーズ・マーケットで仕入れた野菜や牧草で育った家畜の肉のハンバーガーなどが出されたが、それこそがブルックリンの人々の求めていたものだった。エリアコード718にあたるブルックリンのはずれに新しく誕生したフード・スポットを一目見ようと、マンハッタンの住民もわざわざ橋を渡ってやってくるようになった。それから数年のうちに、ターロウは、レストランやバー、グルメ紙、デザイナーズ・ホテルなどを包括した食の王国をブルックリンに築き上げた。すべての施設に共通するコンセプトは、地元意識とサステナビリティだ。

　それから20年近くの歳月が経過し、現在、ブルックリンでは、「サステナブル」という単語をあちこちで耳にする。人気沸騰中のグルメ・エリアでは特にそうだ。サステナビリティはいまや食通たちの常識となり、その傾向はファッショニスタの間でも次第に広まっている。

「ファッション界で起こっていることを知る唯一の方法は、食の現状を見ることよ」と、ソフィア・ヘッドストロームは言う。彼女は、著書『Fashion Manifesto（ファッション・マニフェスト）』で、みずから実践した買い物依存症から脱却する方法を紹介している。「最近はみんな、自分が口にするものに注意を払うようになってきた。だったら、なぜファッションもそうしないの？」

実際にブルックリンを中心に、節度を考えたファッションを心がけようという気運が高まっている。フォートグリーンに住むケイト・ヒューリングは、レザーのハンドバッグのラインを立ち上げ、鼻先からしっぽまで使い切るという取り組み（動物に捨てるところはないという意味）を実践した。ヒューリングはアンドリュー・ターロウの妻だ。バッグに使われる動物の革（一部は、彼女のブランド、マーロウ・グッズの服やアクセサリーの素材にもなっている）は、彼女の夫が経営しているレストランで使われる肉の副産物を利用している。つまり、6月にダイナーでサーロインステーキを楽しんで、12月にまた来たときには、同じ牛の革を使った肩掛けバッグを購入できるということだ。ヒューリング自身はハンドバッグになって店に置かれる前の子牛の姿を知っている。「つまり、できあがるまでのすべてのプロセスを見届けるということなの」と彼女は言う。

マーロウ・グッズのバッグと、デパートでディスプレイされている高級ブランドのバッグとでは、使われる牛革がちがう。ヒューリングの製品には切れ目や切り傷、シミなどがあって、継ぎ目にもでこぼこしたところと滑らかなところができる。理由は、革がバッグ素材用に裁断されていないから、つまり、食肉加工の際にできた副産物を利用しているからだ。本人が見せてくれた薄緑色のトートバッグは、生地の継ぎ目部分がたしかにでこぼこしている。「見栄えがよくない」と言う人がいるかもしれないと彼女は言う。革を扱うデザイナーは、通常、継ぎ目が滑らかで表面が均一な素材で作業をするため、動物の皮膚の一番滑らかな場所、通常はお尻部分からとれる革を選んで使う。かたや、ヒューリングは革の状態にこだわらず、すべての部分を使用する。ちなみに、彼女によれば、首の部分の革はほかの部分よりもしわが多いそうだ。

ウラ・ジョンソンの白のコットン・ドレスを着ているのがケイト・ヒューリング（中央）。手にしているのは自身が経営するマーロウ・グッズのクラッチ・バッグ。友人のダニ・グリフィス（左）とウラ・ジョンソン（右）が着ているのはそれぞれ自身がデザインしたブランドのもの。

むやみにものを買わないで、
よく吟味して、長持ちさせること

—Vivienne Westwood
ヴィヴィアン・ウエストウッド

Conscientious Consumption

良識のある消費

● よく考えて買い物をする。

● 自分が着る服の作り手や素材を知っておく。

● 自分に問いかける。
これが本当に必要なの？
着回しはきく？
本当に気に入っているの？
長持ちしそう？

● 自分の持ち物をきちんと管理する。

● 古着を買う。委託販売品や中古品、ヴィンテージ品、バザー品から目当てのものを探す。グッドウィルのようなチャリティーショップなどを利用する。

● 買い物を一切しない。

● 古着交換を始める。

● レント・ザ・ランウェイ、ル・トット、バッグ・ボロウ・オア・スティール、マイン・フォー・ナインといったレンタル・サービスに登録する。

● 洋服を修繕する。

● 修繕の仕方がわからなければ、裁縫を習う。

● 裁縫グループに参加する。

● クローゼットの中にあるものを大切にする。

● 自分の持ち物はずっと着ていなかったものも含めてとりあえず全部着る。

実際のところ、彼女のバッグの仕上がりは美しい。マットな質感で、色も繊細、表面のざらつきさえもむしろ素材本来の味になっている。形はシンプルですっきりしていて、さりげない高級感も漂う。「ひとつひとつちがうのは当たり前よ」と、ヒューリングは言う。「素材の革が全部ちがうんだから」
　マーロウ・グッズのバッグの値段は、250～700ドルとそれほど安くはない。といっても、定番のエルメスの革製バーキンに比べれば格安だ。価格はさておき、それでもここには大きなちがいがある。つまり、サステナビリティを考えたヒューリングのバッグを買おうという人は、同じものがふたつとないこの種のバッグを買いたいがために、総じてむやみに物を買わない傾向があるのだ。
　ヒューリングの目的は、単に「職人技」（これもブルックリンっ子がお気に入りの言葉）が光る小物を提供することだけではない。生産サイクルをオープンにすることで、製造過程でどんなことが起きているかを把握できるようにしているのだ。ニューヨーク州北部地方で飼育された牛や羊は、やがて殺処分される。加工業者（食用に使えない部分を加工処理する施設）は、その皮を塩漬けにし、凍結させて、同族経営のなめし工場に送る。そこでは、毒性のない野菜から抽出したタンニンを使用して皮をなめし、生分解性の染料や植物染料を使って染色する（非営利団体のブラックスミス研究所の調査によると、皮なめし作業から出るクロムは世界を脅かす有毒汚染物質の上位に挙げられる）。そして最後に、そのなめし革がニュージャージー州のユニオン・シティにある工場に送られ、そこでエクアドル出身の元靴職人の男性とその妻によって裁断され、縫製され、バッグとしてマーロウ・グッズの店頭に並ぶ。

たしかに、マーロウ・グッズのバッグの値段の何分の1という値段で、ザラのバッグを買える。ただ、そういうバッグの生産サイクルについての情報ということになると、たとえ商品のタグにメイド・イン・アメリカと書かれていたとしても、誰が、どれぐらいの賃金で、どのような労働条件の下で作ったものかまではわからない。ましてや、製造過程で出る副産物が汚染物質になる可能性があるのかどうかは知りようもない。
　「ファッション界は透明性に乏しい」と言うのは、モデルで環境問題活動家であるサマー・レイン・オークスだ。「食品業界のほうがまだわかりやすいわ。みんな供給までの流れがどんなに複雑かわかっていないのよ。自分の持ち物がどこで作られたか知っておかなきゃなだめ。それは誰がデザインしたの？と質問するのは簡単よ。でも、答えを見つけるのはそう簡単にはいかない。大手の小売店を訪ねても、本当のところはわからない。そういう店は、商品がどこから来たのかウェブサイトでトレースしたりしないでしょう。でも、食品の場合は、生産工場に行けばバナナの原産地を突き止めることができる」
　服製造業が世界でもっとも汚染物質を垂れ流す産業だということに多くの消費者は気づいていない。テキスタイル製造業、染色業、皮なめし業などは軽工業ではない（つまり、鉄鋼業や石油精製業などと同じ重工業に含まれる）。そうした工場は石炭や水などの天然資源を大量に使用し、製造工程で化学物質を排出し、それがそのまま廃棄され、環境を脅かすというケースが多い。しかし、アメリカ人の消費者がこういう現状を目にすることはほとんどない。というのも、アメリカは服飾産業の約95％を中国やバングラデシュ、インドなどに外注しているからだ。さらに、大手の小売業者やデザイナーの大部分は、賃金の安い外国人労働者を使って小売価格を低く抑えている。外国人労働者の賃金や労働環境は、必ずしも最低基準をクリアしているわけではないのだ。

ウィリアムズバーグにある自宅のロフトで過ごすモデルで企業家、環境活動家のサマー・レイン・オークス。彼女が着ている袖なしのエイダ・ザンディトンのトップスは、植物性の薬品を使ってなめし、自然由来の染料で色づけしたレザーで作られている。

ニューヨーク市にあるプラット・インスティテュートやニューヨーク州立ファッション工科大学などで実施されているファッションのサステナビリティ・プログラムのおかげもあって、ニューヨークでは、環境や労働条件に注意を向けるデザイナーが増えつつある。そういうデザイナーの多くはブルックリンに住んで活動している。ウィリアムズバーグを拠点に活躍するティタニア・イングリスは、2012年にサステナビリティを考慮したデザインで、エコ・ドマーニ・ファッション・ファンデーション賞を受賞しており、みずからのアプローチを「心豊かなミニマリズム」と呼んでいる。持ち物は少なければ少ないに越したことはない。彼女は、着回しができて、シーズンを選ばず、流行にも左右されずに着られる服というコンセプトの小さなラインを立ち上げ、制作活動に励んでいる。

　パーソンズ・ザ・ニュー・スクール・フォー・デザインで教鞭を執っているイングリスは、授業で学生たちに1週間ずっと着ていられる服を作るという課題を出している。「そうすると、生徒たちは一様に、7日間も着なくちゃいけないの？って顔をするのよ」。イングリスは声をあげて笑う。「でも、もし7日間ずっと着るのは勘弁してほしいと思うなら、なぜそう思うのか理由を考えるべきじゃないかしら。服を着てテンションが上がらないのは、おそらく、デザインがよくないからでしょ」

映像作家のタマラ・ロウは、この透け感のあるドレスのようなヴィンテージの掘り出し物に、祖母のおさがりのアイテムをうまくコーディネートしている。ちなみに、ブレスレット代わりにしているのは祖母からもらった金のネックレスで、さらに、祖母のカルティエの腕時計を重ねづけしている。

　自分のラインの生産状況を確認するために、イングリスはマンハッタンのガーメント地区にある自身の工場に毎週のように、ときには週に二度も三度も足を運ぶ。労働者には生産労働に対して1着ごとにそれに応じた賃金が支払われる。たとえば、Tシャツ1枚は25ドルで、コート1着なら200ドルという具合。イングリスは日本からオーガニック・コットンを仕入れている。彼女いわく、日本はオーガニック・コットンの認定基準が高いそうだ。また、衣料メーカーの不良在庫になっているウールやフランネルも利用している。

「製品がサステナブルであるかどうかは、結局のところ製品の質によるわ」と、イングリスは言う。「質にこだわるのは基本だけど、いざ素材を選ぶとなると好みも出てくる。そうなると、使える素材の種類がおのずと限られてくるでしょ。だから、なかなかハードルが高いのよ」

　イングリスは、イタリアにある皮なめし工場で野菜を使って加工された革も使用している。さらに、彼女がユニークなのは、毛皮も使うところだ。2013年のコレクションでは、トナカイの毛皮を素材にジャケットを制作した。使ったのは、スカンジナビア半島北部のラップランドに住む遊牧民サーミ族が育てたトナカイの毛皮だった。サーミ族は大昔からトナカイの放牧をしてきたが、彼らの多くはまだそれで生計を立てている。ちなみに、トナカイは捨てるところがないらしく、その骨髄は美味らしい。

　ヒューリングの革の使い方と同様、イングリスもまた、トナカイの毛皮にある斑点や模様はそのまま残したいと考えた（一番毛が長い箇所は背中の部分）。というわけで、ジャケットのフードは、2本の肢がつながる部分に入っている1本のラインが柄と自然になじむようにデザインされている。「革もそうだけど、毛皮だって、本来それを使うのはそこまで悪いことだとはわたしは思わないわ」と、イングリスは言う。「大事なのは、人間が動物をどう扱うか、動物にどれくらい敬意を払えるかということね。それにつきる」

グリーンポイントのニュータウン・クリーク・ネイチャー・ウォークに立つティタニア・イングリスが着ているのは自身の名を冠したブランドのデザイン。裾がチョウのように広がる黒のドレス（左）とコットンとトナカイの革でできたシフト・ドレス（右ページ）。

エシカルな靴ブランド、ブラザー・ヴェリーズを率いるカナダ生まれのデザイナー、オーロラ・ジェイムズは、ロサンジェルスからベッドスタイに移り住んだ。「自宅や、自宅の周辺、住環境を考えるうえでなにに重きを置くかと考えたとき、ブルックリン以外に選択肢が思いつかなかったわ。あそこはすでにわたしの心の故郷だった。ただ、それに気づいていなかっただけで」

サステナビリティを意識した装いに
挑戦したいと考えている人に最初の1着は
なにがいいかと訊かれたら……、
そうね、やっぱり、わたしが
ほぼ毎日はいているジーンズをすすめるかな

— Julia Sanderson, stylist, Eileen Fisher
ジュリア・サンダーソン　アイリーン・フィッシャーのスタイリスト

　もちろん、毛皮を着ることについては賛否両論ある。動物保護団体は、ヴィンテージ品を含め、いかなる毛皮や皮革製品も身につけるべきではないという姿勢を取っているが、イングリスは、この問題に対して確固たる姿勢を貫いている。「毛皮やなめし革は、人類が最初に見つけた着られる素材でしょ」と、彼女は指摘する。「それがなくなるなんてことあるかしら」

　デザイナーであり、以前は完全菜食主義者であったオーロラ・ジェイムズは、ファッションの世界において現在毛皮は微妙な立場に置かれていると考えている。ジェイムズはブラザー・ヴェリーズという靴ブランドを経営している。彼女の自宅兼スタジオもベッドスタイにある。ちなみに、ブランドの名のヴェリーズ、正式名ヴェルスコーエンは、南アフリカやナミビアの砂漠地帯で履かれている伝統的なブーツを指す言葉である。彼女のブランドの靴はほとんどが、ウサギやスプリングボック（訳注：南アフリカ産のガゼル）、また、クーズーと呼ばれるアンテロープ（訳注：アフリカ産、ウシ科のシカに似た体型をした哺乳類）の一種の革でできている。製造は南アフリカやモロッコ、ケニヤで行なわれているので、ジェイムズはほぼアフリカに行きっぱなしだ。

　クーズーについては、数の激増を食い止めるための政策として狩猟が行われているため、比較的皮を手に入れやすい。クーズーもウサギもスプリングボックもすべて食肉として消費され、残った皮が靴の材料に回される。「すごく理に適っているでしょ」と、ジェイムズは言う。「それだって毛皮であることに変わりはないと主張する人はいるでしょうね。でも、ケースバイケースで見ていかないと。何事も白黒はっきりさせるのは無理。善悪を決めるのはそんなに簡単じゃないわ」

　ジェイムズは、製造の全工程をアフリカで行なうのは難しいと認識している。その一方で、彼女は、現地の経済を活性化させるために働く場を提供することを自分の使命と考えてもいる。靴を制作している職人には男性も女性もいて、彼らの労働が直接的に地元の経済を支えているのはたしかだ。ただ、製品の一部がニューヨークに到着する前に運送途中で消えてなくなるという事態がたびたび起こっている。それに、万一問題が生じたときは、飛行機でナイロビまで飛ぶことになる。これにはかなりの覚悟が必要だ。地下鉄でガーメント地区へ行くのとはわけがちがうのだから。

ジェイムズはこう説明する。「早い段階からすでに、製造工程でいろいろな問題が生じていた。だから、どうしてブルックリンで作ってはだめなのかとみんなに言われたわ。でも、100％すべてを現地で、という方式を続けたいと本気で思ってたから。いまさらやめるなんてできないわ。アフリカから手を引くなら、会社からも離れる覚悟よ。だって、それじゃ筋が通らないもの」

　地元で細々と活動している個人のデザイナーを支援することも、衣料産業における不当な労働環境を改善するひとつの方法である。ただ、実際問題、究極のサステナビリティとは、一切なにも買わないことだ。

　スウェーデン生まれのソフィア・ヘッドストロームは、ファッション・ジャーナリストをしていた4年の間、半年ごとにパリのグラン・パレで開催される豪華絢爛なシャネルのショーをはじめとする趣向を凝らした数々のファッション・ショーに参加したが、そういったファッション業界に、彼女は魅力を感じなくなっていった。さまざまな流行が生まれては消えていく。その繰り返しに疲れた彼女は、一念発起して1年間買い物をしない生活を実践した。それで、自分の持ち物にそれまで以上の満足感や愛着を感じられるかどうか確かめてみたかったのだ。

　「買い物をしないという経験で、わたしの消費に対する意識は変わった。むやみに店に入ったり、よく考えずに新しいものを買わなくなったの」と、ヘッドストロームは言う。「みんなにも、短期間でもいいから買い物断ちを実践してみてほしいと思う。自分がどんなふうに買い物をしているか知ったら驚くわよ。だいたいの人は、なにかのお祝いか、暇つぶしか、友達と会ったついでか、そういうときに物を買うの。必要に迫られて買ってるわけじゃないのよ」

ウィリアムズバーグのケロッグズ・ダイナーの外を歩くソフィア・ヘッドストローム。買い物依存症からの脱却プロジェクトを決行した結果、ヘッドストロームは昔からお気に入りだったアイテムを見直すようになった。ヴィンテージの赤のジャンプスーツもそのひとつ。今後もし彼女がなにか新しいものを買うとしたら、それをよほど気に入っているということだ。

さらにもうひとり、ブルックリン在住の作家であるエリザベス・クラインは、調査と執筆に３年を費やして、『Overdressed : The Shockingly High Cost of Cheap Fashion』（日本語版『ファストファッション：クローゼットの中の憂鬱』春秋社、2014年）という本を書き上げた。クラインは、ファストファッションに走った自分の懺悔のつもりでこの本を書き始めた。彼女は、以前は安物の服しか買わなかった。ところが、執筆活動でアメリカやバングラデシュ、中国、ドミニカ共和国の衣料関係者や製造工場の訪問取材を重ねているうちに、クラインは、H&Mのような店が「お買い得品と称した安物のファッション・アイテムで埋め尽くされた、見るに堪えないがらくた市」に思えてきた。この本を真剣に読めば、今までの認識が変わることはまちがいない。
　製造や消費の問題はさておき、良識のあるファッションとは、おしゃれをしたり、自分のイメージを作ったりする際に女性たちがどんな服を選択するかという問題に関わってくるものだ。ブルックリン・ハイツに暮らすサラ・ソフィ・フリッカーにはいろいろな顔がある。パフォーマーであり、作家であり、母であり、さらに、女性の権利を守る活動家としても活躍している。そのうえ、レディ・パーツ・ジャスティスというリプロダクティヴ・ライツ（訳注：生殖や受胎調整に対する女性の権利）を支援する団体の共同創設者であり、ザ・シチズンズ・バンドという政治活動の要素を含んだショーを披露する一座にも参加している。フリッカーは、婦人参政権論を唱える女性と、羽をつけて踊るショーガールを足して２で割ったようなファッションをすることが多い。ちなみに、実際に彼女に会ったときは、ジョン・レノンとオノ・ヨーコさながらに平和を訴える「War on Women Is Over! (if you want it)」（女性のための戦争は終わる！　それを望むなら）と書かれたＴシャツに、年季の入ったクロエのデニムといういでたちだった。それで、口紅を塗り、ハイヒールを履き、髪を脱色していた。「わたしにとっては、自己意識を保ちながら、自分が誇れるやり方で世界に自分をアピールすることが大事なの」と、彼女は言う。「人は、そういう葛藤の中でいい顔になっていくのよ」。言い換えれば、選択の自由によって人は力を得るということになる。

センター・フォー・リプロダクティヴ・ライツのTシャツを着ているサラ・ソフィ・フリッカー（右）。
(p110-111) シャーロット・オリンピアのプラットフォーム・ヒールを履き、ザルディのシルクのドレスにジェニファー・ベアのティアラを合わせている。

　心に秘めている信念がどんなものであろうと、良識のあるファッションというものは、気づきを促し、自分自身にさまざまな疑問を投げかけることでようやく見えてくる。まず自分に問いかけるべきことは、自分がなにを信じ、それをどういうかたちでファッションに反映させるかという問題。たとえば、衣料産業の労働環境に関心をもてば、むやみにものを買わなくなる。あるいは、革製品や毛皮製品を買い控えるようになる。これらの問題は、ファッションが地球環境や女性の権利に与える影響も含めて、簡単には答えが出ない。Tシャツひとつでも、解釈はさまざまなのだから。

　ブルックリンでは、生活に必要なものを社会的関心のレンズを通して見ることが珍しくない。最近では、食はもちろん、服についての意識も高まっている。だからこそ、革新的なシェフやデザイナー、レストランやブティックのオーナーたちの間で、自分の作るものに自分の信念を表現したいという動きが高まっているのだ。たかがTシャツと侮るなかれ。それが、ブルックリンで作られたものならなおさら。

イザベル・マランのトップスにアン・テイラーのスカート、アレキサンダー・ワンのアンクル・ブーツにサマ・アイウェアのサングラスといういでたちのメアリー・アリス・スティーヴンソン。一緒にいるのはグラムフォーグッドのスタッフ。左から、リンジー・ココ、イザベラ・ベナヴィデス、ジェッダ・カーン、ガブリエル・スワン。

Q&A

質問に答えてくれたメアリー・アリス・スティーヴンソンは、
ファッションと美容のエキスパートで、グラムフォーグッドの創設者。

ミシガン州バーミンガムの出身で、身長180センチでブロンドのメアリー・アリス・スティーヴンソンは、アメリカのファッション界では一目置かれる存在で、20年前からブルックリンのコブルヒルで暮らしている。ファッション・ディレクター、編集者、スタイリスト、コメンテーターであり、コンサルタントもこなす彼女は、数々のスーパーモデルや有名人をスタイリングしてきた。話題となった雑誌の表紙の多くは彼女の企画で、メディアが集まる場所にはほとんど顔を出してファッションについての取材を受けている。しかし、そんな彼女が一番力を入れているのは、自身が立ち上げた、ファッションと美容の力を訴えるグラムフォーグッドの活動である。

ご自身のファッションの変遷を教えてください。

実はね、ニューヨークに来て、「ヴォーグ」誌の就職面接でアナ・ウィンターの前に座ったときのわたしは、みっともないほど大きな肩パットの入ったタハリのジャケットを着てたの。髪型もおしゃれじゃなくて、本当にダサかった。でも、やる気はみなぎっていて、ファッションのこともしっかり勉強していた。とにかく必死だったわ。

地元にいたときも、みんなよりずば抜けておしゃれな女の子だったわけではなかった。今でもそれは同じ。生まれながらにセンスのいい人っているもので、そういう人たちはなにをどうすればおしゃれになるかを知っている。わたしは物心ついたときからとにかくおしゃれなものが好きだった。センスのいい人たちに囲まれることでおしゃれを学んだの。それから、おしゃれの基本を一から勉強した。すごくおしゃれな人って自然体に見えるけれど、その域にたどり着くために実は相当な努力をしているのよ。

自分のスタイルを見つけることがそこまで大切だと思う理由はなんですか?

おしゃれって、女性にとっては豪華な鎧のようなものじゃないかしら……。その鎧をまとえばどんな困難にぶつかってもなんとか乗り切れる。人生に成功するためにはいろいろな要素が必要だけど、自尊心をもつことで、すべてがうまくいったりするものなの。

ミシェル・オバマがよい例ね。彼女が立ち上げた肥満撲滅キャンペーン「レッツ・ムーブ!」が人々をあそこまで熱狂させ、あれだけの注目を集めてきたのはなぜか。それは、単に彼女が力強いメッセージを発信したからというだけじゃない。彼女が着ているものに人々を惹きつけるものがあったからよ。ファッションは社会を変える強力な媒体になりうる。良識のあるファッションには山を動かす力があるのよ。ファッションは人々を引き込む道具であり、自分自身を表現し、さまざまなかたちでその力を増幅させてくれるものでもあるの。

ファッションをどのように
慈善事業として活用したのですか？

　わたしは職業柄、どこまでも完璧であろうとしていたけど、完璧さの認識がまちがっていたことに気づき始めたの。そこまでよく見せることなんて無理なのよね。現実的じゃない。だから、ほどよく流行を取り入れてほどよくすてきに見せる。そこのバランスに気をつかったわ。

世の中にはいろいろなタイプの
女性がいますが、そのひとりひとりと
向き合うのですか？

　グラムフォーグッドは、ファッションと美容に関する運動であり、コミュニティであり、組織であって、ファッションを通じて社会の前向きな変化を後押しする活動をしているの。さまざまな功績を残している人たち、つまり、英雄的な女性たちがたくさんいる。わたしたちは、そういう人たちにファッションを通じて敬意を示し、よい気分になってもらいたい。人にエネルギーやパワーを与えたいの。ファッションには、絶対に人を元気にする力があると思う。

　おしゃれに見えると人生も変わる。なぜならとても前向きになれるから。そういう場面に何度も遭遇してきたわ。そうなるとなにもかもがうまくいく。すてきに見せることがこの世で一番大切というわけじゃない。実際、磨きをかけるべきもっと大切なことがいくらもあるわ。でも、自分の人生を精一杯生きるための道具としてファッションは、最高の自分になれる強力な味方よ！

現実の女性たちはどのように自分の
スタイルを見つけ、どんなふうに日々の
おしゃれを楽しんでいるのでしょう？

　仕事や家庭をもっている女性は、自分のことより気にかけるべきことがたくさんあるでしょ。だから、おしゃれぐらいは好きなようにさせてあげるのが一番のごほうびになるの。忙しいスケジュールやあわただしい毎日だからこそ、せめて似合う服を着て気分よく過ごさせてあげなくちゃ。女性はいつだってまわりに気を配っている。それは女性の大切な務めよ。でも、自分のことも大切にしなきゃだめでしょ。それを強力に後押ししてくれるのがファッションなの。

　もうひとつの自分へのごほうびは、服をあつらえることよ。雑誌に登場するスターたちがとびきりきれいに見えるのは、身につけているものがオーダーメイドだから。最近では、近所のドライクリーニング店でも仕立て直しをしてくれるわ。ウエストを調整してもらうとか、パンツの丈を直してもらうとか、しばらく着ていなかった服の袖を取ってもらうとか、昔着たブライドメイドのドレスをキュートなカクテル・ドレスに作り直してもらうとか。自分がすごく気に入った服があるなら、ぴったりサイズで着なくちゃ。そのために、5ドルか50ドルか余分に払うことになったとしても、それだけの価値はある。

　それに、もしグラマラスな体型なら、補正下着という手がある。これは絶対おすすめ。最近は補正下着も本当によくできてるの。ドレスの下に着用しても、透けないし暑苦しくもない。もちろん、バイカー・パンツをはいてるみたいな窮屈感もない。セクシーさも兼ね備えた優れもので、体型をカバーしてくれるうえ、どんな服を着てもきれいに見える。それに、そういうのって大事でしょ。どんなにスマートな女優さんでも補正下着は使っているわよ。

そうなんですね！
それは耳寄りなニュースです。

　それと、わたしが一番大切だと思うことを最後にひとつ。ルールにとらわれちゃだめよ。そうでないと、最高の自分を見せることはできない。どこを見せてどこを隠したいか、自分が一番よく知っているんだから。どんな服装をするにせよ、自分の好きなところをしっかりアピールして、自信のないところは目立たないようにしなきゃ。偉

大なるデザイナー、ダナ・キャランはかつてこう言ったわ。「もし自信のあるところがなければ、肩を見せればいい。肩には肉がつかないから」

ブルックリン・スタイルのどこに
影響を受けていますか？

　ブルックリンの人たちは自分の道を究めてる。ブルックリン・スタイルとは、ひとりひとりが自分なりの審美眼をもち、美容やファッションを通して独自の方法で自分を表現することだと思う。わたしがこれまでに出会ったおしゃれな人たちは、みんなブルックリンに住んでいるわ。おしゃれって、着るものだけのことじゃない。ライフスタイルも含まれるのよ。つまり。どう生きるかということ。ブルックリンは、ほかの場所より挑戦的なところがある。ありとあらゆるスタイルが混在しているわ。世界中の人々が集まっているからよ。だからこそ、自分のスタイルをいろいろなかたちで美しく表現することができるの。

この数年間でブルックリン・スタイルに
変化はありましたか？

　ええ、ますます洗練されてきたわ。華やかさも魅力も増してきた。だから、ブルックリン本来のエッジのきいたかっこよさはもちろん、そこに華やかさや多様性が加わって、以前よりおしゃれ度が上がってる。ブルックリンでは、なにを着てもOKだし、好きな格好ができるから気分がいいわ！

MAKE
IT
YOURSELF

自分で作る

ブルックリンを歩いていると、ワーク・ブーツに普段着のジーンズ、それに、チェックのフランネルかシャンブレーかデニム地のワークシャツというスタイルを見かけることが多い。そういう格好をしている人たちは、たいていが物作りに関わる仕事をしている。いわゆる、キングス郡（訳注：ブルックリン区と同じ地域を指す）のやんちゃ坊主たちだ。作るものは、ウィスキーから、靴、石鹸、アート作品までさまざま。手作り志向が強く、地元愛にあふれるブルックリンは、職人がらみのジョークでよく引き合いに出され、21世紀の経済を牽引するDIYブームの中でもなにかと話題にのぼる。

　ブルックリンのクリエイター集団は、かつてはこの区の工業地帯跡近辺を拠点としていた。20世紀半ばまで、ブルックリンはアメリカの製造業の大半を担っていて、砂糖、ビール、鉄工、鉛筆、製薬など、さまざまなものがこの地で製造されていた。やがて、製造業を営む企業が安価な敷地を求めて市外に拠点を移すようになると、あとに空っぽの倉庫街が残った。それに目をつけたのがアーティストやミュージシャン、わが道をいく個性派連中たちで、空き家になった施設を作業場や自宅として使うようになった（1970年代のソーホー地区のロフトで起こった現象に似ている）。やがて、ブルックリンのウォーターフロント界隈（ダンボ、ブルックリン・ネイビー・ヤード、ウィリアムズバーグなど）は、人気のない寂れた工場跡地から、中小の製造業者やテクノロジー会社、大勢のデザイナーたちが集まるスポットへと次第に姿を変えていった。

エミリー・ビッドウェルは、かつては彫刻家として活動していたが、現在はハンドメイド・アイテムをネット販売するサイト、エッツィーで、ホーム＆スタイル部門を専門として活躍している。ウィリアムズバーグに移ってきたのは1998年のことだ。ビッドウェルは、その頃の様子を「無法地帯」だったと表現する。当時そのあたりは住む人もなく出入りも自由だったので、大音量で音楽をかけようが、なにをしようが、誰かに苦情を言われることもなかった。やがて、仲間内で、アート展やライヴ、パーティーが頻繁に行なわれるようになり、マンハッタンはすっかり忘れ去られた。

　「ブルックリンという場所で、わたしたちは芸術的独立を成し遂げたの」と、ビッドウェルは言う。「自己能力の獲得とでも言えばいいかしら」

　たくさんの出品者のコミュニティの中で、職人たちのオリジナル作品をネットで販売できる場を設けるという発想から生まれたエッツィーは、製品はもちろん、作り手たちも含めたブルックリンにおける物作りのイメージを凝縮したような存在だ。編み物ひとつできなくても大丈夫。ここに来れば、履き古したワーク・ブーツやフランネルの柄シャツから、粘土ビーズのネックレスのような個性的なアクセサリー、かぎ編み帽子、リサイクルのキャンバス地リュックまで、手作りスタイルを演出するアイテムがなんでも揃っている。作り手はもちろん、買い手のほうも、1日中ショップで作業をしている職人のような気分が味わえるというわけだ。

　現在は手作り商品の黄金時代だ。とはいえ、わざとペンキをはがしたり、へこませたり、そういうことに熱中するブルックリンはいささかやりすぎの感があるが、そんなことはおかまいなし（自分のことをあまり深く考えすぎないところもブルックリン流）。画家であり、ジュエリー・デザイナーでもあるスザンナ・ウェインハウスは言う。「オーガニックとか、草を食べさせて飼育したとか、手作業で蝋を注いだとか、みんなそんなことばかり言っちゃって。ちょっと滑稽よね」。彼女は、自分の出身地ヴァーモントの田舎の農夫や木こりのスタイルをまねしてカーハートのジャケットなんかを着るブルックリンの職人たちに困惑も感じている。ただ、その一方で、「価値体系という意味では、すごくいいことよ」と、言ってもいる。「もし流行やファッションに方向性というものが必要だとしたら、逆の方向に進んでいくより、今のほうがよっぽどいい。だって、やみくもに消費主義に走って、どこで作られたかなんてどうでもよくなったら、それこそ大変よ」

グリーンポイントのドビン・ミューズ・スタジオの外に立つ陶芸家ステファニー・トランは、ユニクロのオックスフォード・シャツにイザベル・マランのスカート、足元はナイキのスニーカーというコーディネート。トランはスタイリストであり、ライターであり、ランナーでもある。

Glorious
Maker Goods
すばらしい職人技の数々

ステファニー・トランほど、エッツィーを通じて、ブルックリンで注目のハンドメイド雑貨店（ヴィンテージ取扱店も含む）を喜んで紹介してくれる者はいないだろう。スタイリストで陶芸家でもあるトランは、みずから支援している雑誌「ドシエ」とエッツィーの共同プロジェクトとしてオープンした期間限定店のキューレーターを務めた経験もある。彼女の見る目は信頼できる。かつては「ヴォーグ」のアクセサリー担当をしていたこともある人物だ。

ドメスティック・ニューヨーク
黒をよく着る人は、リューベン・リュエルのカラフルなワックスプリントのワンピースやスカート、トップス、ジャケットなどを合わせると、遊び心のあるコーディネートに。

レベッカ・ショーネヴェルト
実際はコム デ ギャルソンのヴィンテージのドレスを着て市役所で結婚したのだけど、もし自分が大々的な結婚式を挙げるとしたら、レベッカの控えめだけれどエレガントなドレスをオーダーメイドするわね。いかにていねいに作られているかがわかれば、値段にも納得がいくはず。

フレンズ・ヴィンテージ
ここの80〜90年代の服は、クラブに着ていけるような斬新なデザインで、値段もお手頃。ティエリー・ミュグレーやジャンポール・ゴルチエ、アズディン・アライア、ノーマ・カマリなども揃っている。ブッシュウィックのメアリー・メイヤーにもう1店舗ある。

ヴィクター・ミルズ・ヴィンテージ
ブリアナ・トーマスの、柔らかな色合いが優しい印象を与える飾りのないシンプルなシルエットのものがお気に入り。店内にはかわいらしいアイテムが揃っている。

K.ハンセン・ジュエリー
クリスティーナ・ハンセンのモダンで幾何学的なアイテムは普段着をおしゃれに見せてくれる。スタジオでカーハートのジャンプスーツみたいなものばかり着ているから、そういうところが大事なの。お気に入りは、気がねなくつけられて、しかも、見栄えがよいものね。

ザ・シーム・デザインズ
リンジー・セネルキアが手編みで作る、重量感のあるターバンやくったりとしたビーニー帽、スヌード（特にグレーがかった黄色のもの）なんかはすごくおすすめ。

バー・ソープ・ブルックリン・LLC
カキョン・チョーの天然素材のボディーオイルや三角形のソープはかわいくて、すごくいい香り。パッケージもおしゃれ。

インディペンデントなブランドのクリエイターは、自分の作品すべてになにかしら手を加えている。実は、そういうところが人気の理由。人の手の温もりを感じると、スペシャル感があるでしょ

—**Stephanie Tran,** stylist and ceramicist
ステファニー・トラン　スタイリストで陶芸家

ブルックリンでは、それぞれの作品の根底に
確たるひとつの精神が宿っている。
この地区は、その製品がどこで作られて、
なにを材料にしていて、
誰に売ろうとしているのかという部分で、
似たような倫理観を共有している人々によって
しっかりと支えられている

―Dani Griffiths, milliner, Clyde
ダニ・グリフィス　帽子ブランド、クライドのデザイナー

ウィリアムズバーグのマーロウ＆サンズに集うデザイナーたち。(左から)ケイト・ヒューリング、スザンナ・ウェインハウス、ウラ・ジョンソン、ダニ・グリフィス。

　ヴァーモント州ブラトルバロ出身のウェインハウスは、手作りのものを好むという点で、ブルックリンと自分の故郷は似ていると感じている、彼女は物心ついたときからなんでも手作りしていて、高校時代には家具造りや金細工、塗装などにも挑戦した。
　「田舎に住んでいたときは、みんながなんやかや工夫して作っていたわ」と、ウェインハウスは言う。「創意工夫の気質は育った環境によるわね。このブルックリンもそういうところがすごくあるの。それぞれがなにかしらに秀でていて、そこに没頭している。取りつかれたみたいにね」
　ウェインハウスの描く絵は、自身の名前を冠したジュエリー・ブランドの作品とテイストが似ていて、ダイナミックな質感と大胆な幾何学模様が特徴だ。さまざまな種類の金属を組み合わせ、ヘビとか翼とかスカルとか矢とか、自然界に存在するアイコンに落としこむのが彼女流。初めてのコレクションがバーニーズ・ニューヨークで取り上げられると、彼女はいち早く増産する方法を見つけ出した。
　田舎の良さを残すヴァーモント州への望郷を胸に宿すウェインハウスは、上質なヴィンテージものをこよなく愛している。たとえば、ステッチやボタンなどディテールにこだわった服や、当たり前のように上等な生地を使っていた時代に作られた服を好み、ハイウエストのパンツやヴィンテージのドレス、大きめサイズの男性用のカシミアのセーターなどもよく着ている。そうかと思えば、1970年代のCBGB全盛期に流行したバイカー・ジャケットなどもお気に入りアイテムだ。彼女は、最近も、自分が住んでいるウィリアムズバーグ近くにあるナルニアという名前のヴィンテージ・ショップでちょうどその手のジャケットを見つけたばかり。目下、染みついたタバコのにおいを消す方法を探している。

スザンナ・ウェインハウスは、自分の持ち物のほとんどに、画家らしい独特のアクセントをプラスする。ディエッパ・レストレポのタッセル付きローファー（左）や、レザーのパンツ（右ページ）がその典型。ヴィンテージのカシミアのセーターにレザーのパンツで足元は、アクネ ストゥディオズのブーツというコーディネート。

　実用的であることも彼女のファッションに欠かせない要素だ。なぜなら、着ているうちにすぐ汚れるし、ペンキがつくから。しかし、それでも彼女は、たまに、マンハッタンのアッパー・イースト・サイドにあるバーニーズ信者が集う場所に、ぴかぴかに磨かれたガラス張りの扉を開いて足を踏み入れるようにしている。「みんな本当にこぎれいにしていて、コーディネートも完璧なの」と、ウェインハウスは言う。「ああいう場所では、いくら一生懸命髪をブローして手の絵の具を落としていっても、わたしはかなり浮いてると思う」

レッドフックにあるリサイクルド・ブルックリン・スタジオの外に立っているフローリストのイングリッド・カロッツィ。キャンバス地とレザーを組み合わせたトートバッグはブルックリンを拠点にするTM1985のもので、毛皮の猟師風ハットはヴィンテージ。

職人が着るものは、シンプルかつエレガンス。
ファッションは、機能的で着回しがきいて
すてきに見えるものが好き

— Nana Spears, cofounder, Fort Makers
ナナ・スピアーズ　フォート・メイカーズの共同設立者

　そう本人は謙遜するが、その言葉が事実かどうかは疑わしい。普段着とちがって、おしゃれをするのは肩が凝ると文句を言いつつ、ウェインハウスはかなり独創的な服装をいつも見事に着こなしている。ちょっぴりおしゃれにきめたいときの彼女のお役立ちアイテムは、ブルックリンのブランドで、華やかで膨らみのあるフォルムが特徴のエレクトリック・フェザーズの服や、エッジのきいたイザベル・マランのジャケットあたりだ。

　バーニーズのような小売店にとって、流行の最先端をいくスタイリッシュなブルックリンは、手を組むのに願ってもない相手だろう。バーニーズのスカウトマンたちは、絶えずブルックリンのデザイナーやブランドをチェックしている。消費者がそういうユニークなグッズを求める心理には、商品の由来、つまり、その背景にある物語を知りたいという欲求がある（これは、ワイン好きがワインの産地にこだわるのと似ている）。身元がたしかな商品というイメージはひとつのアピール・ポイントになり、しかも、職人の手仕事というスタイルは、大量生産の商品をどんどん売りさばくという従来の小売業のやり方に一石を投じている。

　ナナ・スピアーズは以前バーニーズのバイヤー助手をしていたが、ファッション関連の職を離れ、フォート・メイカーズというアーティスト・コミュニティを共同設立し、ブルックリン・ネイビー・ヤードの工場跡地を拠点としていたアーティストたちに活動の場を提供した。フォート・メイカーズはいわばアーティストや職人のコミュニティであり、それがブルックリンを、言うなれば、どこまでもブルックリンらしくしている。このアート集団のプロジェクト第1弾は、ヴィンテージのキャンプ用ブランケットに絵を描いたタペストリーのシリーズを制作することだった。できあがった作品は全米にあるスティーブンアランの店舗で5年ほど展示された。次に彼らが挑戦したのは、フォート・メイカーズのアーティスト仲間や画家のナオミ・クラークが作ったシルクの布に手作業で彩色を施したシャツ・ドレスのシリーズだった。

　いまやアーティストの世界になくてはならない存在となっているスピアーズは、自分のワードローブが様変わりしたと語った。バーニーズで仕事をしていた頃の彼女は、ファッションのプロという自覚をもって、ハイヒールを履き、とりあえず流行のファッションを身につけていた。彼女のクローゼットには今も、ドリス・ヴァン・ノッテンやマルニ、ゼロ＋マリア・コルネホなど当時からお気に入りだったデザイナーの服がずらり並んでいる。いざというときのためにとってあるそうだ。

アーティスト・コミュニティ、フォート・メイカーズのナナ・スピアーズ（左）とナオミ・クラーク。場所はブルックリン・ネイビー・ヤード近くにあるクリントンヒル・スタジオの屋上。作業中のスピアーズとクラーク（右ページ）。

スピアーズは、物作りを始めてみて、ただショッピングをしていた頃より充実感があることに気づいた。フォート・メイカーズのおかげで、関心の重点を消費ではなく創造性に置く暮らし方を初めて知ったのだ。ウェインハウスと同じく、スピアーズも、今では、汚れても大丈夫な着心地のよい服を着るようになった。「気づいたら、短パンにハイカットのスニーカーという男の子みたいな格好になってたの」と、彼女は言う。

物を生み出す手。スザンナ・ウェインハウス（上）が指にはめているのは自身のジュエリー・ブランドのゴールドとダイヤモンドのリング。ジャネット・ライ・トーマス（下）のブレスレットは自身がデザインしたシルバー素材のモラトリアム・シリーズ。

　新しいものを買うのではなく、もっているものを作り直すという倹約の精神は、手作り志向を支える大切な要素だ。スピアーズは、クラークの助けを借りて、シミを模様でごまかして柄のように見せたり、穴に継ぎ当てをしたり、工夫によって手持ちの服を生まれ変わらせている。「やってみると、セーターなんか買ったままよりずっとすてきになるのよ」と、スピアーズは言う。「早く穴が開いてくれないかしら、なんて思ったりして」

　ブルックリンの物作りは、オリジナルに手を加えるという作業を楽しむというスタンスだ。創造性や独自性にあふれ、ユニークで、素朴で、パンチが効いている。ブルックリンの職人たちは流行とは無縁の存在のようだが、かっこいいファッションを求める人々はそういう職人たちの動向に注目している。数が作れない手作りの商品は、大量市場に出回ると、それだけ付加価値が下がる。「メイド・イン・ブルックリン」と大々的に宣伝している商品に手を出すことはあまりおすすめしない。それよりも、自分で手間暇かけ、縫ったり、柄を描いたり、裁断したり、細工を施しながら、自分の持ち物を手直しすること。それで、丈夫なワーク・ブーツを手に入れれば、そのほうがよほどブルックリンらしくなる。

Brooklyn's Place In Fashion History

ファッション史から見たブルックリン

メトロポリタン美術館のブルックリン・ミュージアム・コスチューム・コレクションを
管理するコンサルタント・キュレーターのジャン・グリエール・リーダーが、
世界に影響を与えるファッションの中心地としてのブルックリンの
役割について詳しく教えてくれる。

2009年、20世紀初頭からのアメリカン・ファッションを伝えるもっとも貴重なコレクションが、ブルックリン・ミュージアムを出て川を渡り、さらに立派な新居に移った。その引越し先こそ、マンハッタンの5番街にあるメトロポリタン美術館だ。移動したのは、1903年以降のアメリカやヨーロッパの国々の2万4000点にも及ぶ衣装やアクセサリーの貴重なコレクションだ。

収蔵品はブルックリンを離れたが、長ったらしい名前は残った。ブルックリン・ミュージアム・コスチューム・コレクション。ブルックリンがファッション史において中心軸の役割を果たしていたことを考えると、感慨深いものがある。あらゆる流行の発信地として大注目されるようになったブルックリンは、今から1世紀前にはアメリカン・スタイルの発祥の地であった。

1890年に創設されたブルックリン・ミュージアムは、設立当初から商業芸術に着目し、それで身を立てようとするデザイナーを支援していた。1914年、美術館の初代キュレーターを務めた民族学者のスチュワート・カリンは、アジア諸国を旅して、研究のためにテキスタイルや衣装、小物類などを収集した。帰国したカリンは、「ウィメンズ・ウェア・デイリー」紙を出版しているフェアチャイルド・パブリケーションズで調査編集員をしていたモリス・デ・キャンプ（M.D.C.）・クロフォードとパートナーとなった。クロフォードは、カリンに劣らぬ情熱で、収蔵している工芸品の公開を実現させ、美術館をデザイナーが創作活動のヒントを得るために訪れる場所にしようと尽力した。

「第一次世界大戦が勃発すると、ファッションの情報をパリに求めていたアメリカ人は、その情報源に接触する道を絶たれたことを悟ったのです」と、ジャン・グリエール・リーダーは言う。彼は、キュレーターであり歴史家であり、かつてブルックリンの倉庫に保管されていた夥しい数の収蔵品の管理を4年間も任されていた人物だ。「アメリカのファッション界の重鎮たちは、パリに依存しないで、アメリカ独自のスタイルやファッションを創造する必要があると判断しました。ブルックリン・ミュージアムはただの美術館として設立されたわけではなかった。民族誌博物館として創られたのです。デザイナーたちは発想のヒントを見つけ、独自のスタイルを創作するために収蔵品を見に訪れました。ブルックリン・ミュージアムは、ファッションとスタイルの情報発信源になりました。そして、ブルックリンは、まさしく、デザイナーに刺激を与える活動の中心拠点となったわけです」

第二次世界大戦が起こり、アメリカ人デザイナーはふたたびヨーロッパ諸国から隔絶された。そんな中でも、第一次大戦中に興ったアメリカ独自のファッションを模索しようという動きは、デザ

イナーたちに影響を与え続けていた。
　リーダーは言う。「ブルックリン・コレクションの主要部分を支えているのは、第二次世界大戦時に本領を発揮したアメリカ人女性デザイナーです。その中には、実際、(ブルックリン・ミュージアム内にある)デザイン・ラボで活動していたり、インスピレーションを求めてミュージアムに足を運んだりする者もいました。そういうアメリカ人女性が、アメリカのスポーツウェアを生み、広く世間に浸透させたのです。スポーツウェアこそ、アメリカがファッション界に与えた最大の貢献とよく言われますが、その発端はここにあったわけです」
　1930年代から1970年代初頭にかけてのアメリカの創意工夫のおかげで、ファッションは庶民にも手の届くものになった。ボニー・カシンやヴェラ・マックスウェル、キャロリン・シュヌラー、クレア・マッカーデルなどのデザイナーが制作した服は、今日のわたしたちのスタイルの基礎となっている。彼女たちが提案したスポーツウェアは、それまでの常識を考え直す画期的な発想から生まれていて、フランスのクチュールとは一線を画す存在として、やがては現代の女性のファッションに影響を与えることになった。彼女たちがデザインした服はカジュアルで、着回しがきき、コットンなど手入れが楽な素材を使っていた。こうして女性たちは数々の功績を残したが、新たなアメリカン・ルックの功労者として真っ先に思い浮かべるのは、クレア・マッカーデルである。ズボンを、おしゃれで快適で毎日着られる女性の定番ワードローブに変えたのは彼女だった。
　そうした初期のアメリカン・ファッションの流行を支えていたデザイナーたちの多くは当時ブルックリン・ミュージアムのデザイン・ラボに関わっていた。それゆえ、彼らの遺した偉大な作品の数々は大部分がミュージアム・コレクションに寄贈されたのだ。リーダーは、このコレクションを「収蔵品の幅広さと質の高さという点で並ぶもののない規模」と表現している。その中には、歴史的にもっとも価値のある作品も多数おさめられていて、当時、時代の先端を走っていた帽子デザイナー、サリー・ヴィクターの作品は、このコレクションのもうひとつの売りだとリーダーは言う。ヴィクターは、帽子作りにおいて世界中から影響を受けている。日本のサムライの兜や、多色使いで格子模様を描いたピエト・モンドリアンの作品「ブロードウェイ・ブギウギ」など、ありとあらゆるものから創作のヒントを得ているのは一目瞭然だ。「彼女の帽子は実に奇抜です」と、リーダーは言う。「40〜50年代は、そして、60年代に入っても、彼女の作る帽子はアメリカ人女性のワードローブに欠かせないアイテムでした」
　実際のところ、初期のアメリカン・スタイルと現在のブルックリン・スタイルはさほど変わらない。ブルックリンに住んでいる人々は、今もずっと、世界中のファッションからインスピレーションを受けている。たとえば、インド産のブラウスにネパール産の宝石を合わせ、1950年代にニューヨークで流行していた「奇抜な」帽子を頭にかぶるという具合に。そういうアイテムが日常着の中に当たり前のように取り入れられている。それこそ、人種のるつぼと呼ばれるアメリカに脈々と流れているスピリットだ。アメリカ人は、世界各国の品々をいいとこどりして自分たちの伝統として受け入れ、それがもつ影響力を統合して、新しいものを作り上げている。

DON'T FUSS

スタンスを決める

評論家の中には、アメリカン・ファッションのカジュアルダウンは度が過ぎていると言う者も少なくない。ヨガパンツにパーカー、サンダル履きでレストランや会社、ヨーロッパの主要都市など、場所をわきまえずどこでも平気で歩き回るのはいかがなものか、と。しかし、アメリカ人のカジュアル志向は昨日今日に始まったことではない。ジーンズは、1873年にリーバイ・ストラウス社が最初に特許を取得したアメリカ発信の革新的アイテムだ。1930年代になると、アメリカ人の女性デザイナーたちがスポーツウェアやビキニを開発し、それがアメリカ現代ファッションの基本コンセプトになった。

　楽な格好をするのは悪いことではない。ただし、品格を忘れてはいけない。アメリカン・ファッションの代表的なアイコンたちはみな、カジュアルさと品格の両方を常に兼ね備えている。思い浮かべてほしい。ジャッキー・オナシスを、キャロリン・ベセット＝ケネディを、ローレン・ハットンを、そして、ミシェル・オバマを。彼女たちの服装選びは一様にシンプルかつエレガントで、そこに、帽子やスカーフを合わせたり、髪を結い上げたり、上品な靴を履いたりして、きらりと光るセンスをプラスしている。

　自分に合う定番スタイルをさらに突き詰めて、自分なりの「快適かつおしゃれ」なファッションを確立しようとする女性たちもいる。エレクトリック・デュオ、クリープのDJ、ローレン・フラックスは、パンクロックのスタイルは崩さない。ジーンズとボタンダウンのシャツに、ドクターマーチンかラバーソウル・シューズというスタイル。そこに、ローマのフリーマーケットで見つけてきた四角いフレームの黒ぶち眼鏡をかける。髪は、普段から頭のてっぺんでお団子に結っている。フラックスは、さらに斬新で一風変わったアイテムを好んで身につける。鳥かごを連想させるユニークな構造のクロマットのビスチェと固定ベルトとか、あるいは、ココ＆ブリージーのサングラス（こちらはレディ・ガガもお気に入り）とか。どちらのブランドもデザイナーはブルックリン在住で、ふたりともブッシュウィックにあるフラックスの自宅近くに住んでいる。

「わたしのファッション・センスを見ればブルックリンっ子だってすぐにばれると思う。特に、ブルックリン以外の街や国にいたりすると、ね」と、フラックスは言う。「実はブルックリン・ファッションってどんなものかよくわかってないんだけど。でも、言われて悪い気はしないわね」

フローリストのテイラー・パターソンは、ジーンズにシャンブレー・シャツにブーツという組み合わせをベースに仕事着のコーディネートを考えている。本人は自分のスタイルを「汚れてもよくて、でも、こぎれいな格好」と称する。

「定番スタイルに、あまりおしゃれなものを入れたくないの」と、パターソンは言う。「シミになったり、すぐ破れたりするものはだめ。たとえば、わたしはスカートもめったにはかないわ。ジーンズとかブーツが好き。そのかわり、形や質にはこだわるわよ。服は、動きやすくて家で洗濯ができるものに限る。人の集まる場所に出る用があっても、仕事のあとに自宅に戻って着替える暇なんてない。だから、たとえ汚れても、汚れが目立たないものを着ないとだめなのよ」

ブッシュウィックの自宅近くにあるエヴァーグリーン墓地にいるDJ、ローレン・フラックス。ドクターマーチンの靴にカーゴの短パンとクロマットのブラレットというスタイルの彼女は、この写真撮影のために楽々とヨーロッパブナの木に登った。この古くからある公園風の墓地は、ブルックリン区とクイーンズ区の境界にある。

服を着ていたって昼寝はできないとね。
すごくすてきな格好をしているときでも、
お昼寝ぐらいできなきゃだめよ

—Mona Kowalska, founder/designer, A Détacher
モナ・コワルスカ　ア・デタシェの創設者でデザイナー

フローリストのテイラー・パターソンは、グリーンポイントを拠点にするフォックス・フォダー・ファームの創設者。マルゴー・ロンベルグの緑色のジャンプスーツにキルト地のジャケットという装いはラフなのにおしゃれ。

ブッシュウィックのアトリエにいる作業着姿の画家、キーティング・シャーウィン。アメリカン・アパレルのオーバーオールにメゾン・マルタン・マルジェラのブーツというコーディネート。

ブルックリンでもっとも美しく、もっともかっこいい肉屋。ウィリアムズバーグのミート・フックでポーズをとるサラ・ビゲロー。

直線的なメンズラインの服から
感じられる女性的な曲線がセクシー

— Lauren Hutton
ローレン・ハットン

　ブルックリンの女性の大半と同じく、パターソンも、日中に仕事をして、そのまま夜の外出にも対応できる服選びを考えている。クリントンヒルの自宅に着替えに戻る余裕がないからだ。彼女のお気に入りは、シンプルかつ仕立てがしっかりしたファッション。となると、見栄えもよいが、その分値段も高くなる。つまり、どうでもいいものをたくさんではなく、高級で上質のアイテムを数点というのが、もっとも理想的なクローゼットのあり方というわけだ。パターソンが好きなのは、ディエッパ・レストレポのオックスフォード・シューズやペネロペ・シルヴァースのブーツ、アクネ・ストゥディオスのジーンズ、そして、アピース アパートの定番アイテム。どれも、「機能的で洗濯できるもの」であり、しかも「上質」。彼女は言う。「わたしのおしゃれ着、カジュアルウェアってそんな感じよ。毎日同じようなものを着ることになるけど、全然気にしないわ」

　パターソンやフラックスが仕事中は決まったスタイルを貫くように、ブルックリンの食の世界で働く女性たちにもそれぞれ定番コーディネートがある。シェフやウエイトレス、バーテンダー、肉屋などの女性たちはみな、ぴったりしたジーンズにTシャツとかジャージ、ボタンダウン・シャツに丈夫そうな靴というスタイルを好む傾向にあるようだ。ちがいはディテールにある。たとえば、バンダナ使い。カントリー・シンガーのウィリー・ネルソンのように、頭に巻いたり、ネッカチーフにしたり。タトゥーにしても入れ方はさまざま。控えめに1カ所だけとか、腕中にびっしりとか。アクセサリーも同様で、最小限にしたり、ネックレスを重ねづけしたり、あちこちにピアスをしたり、人それぞれ。

　おばあちゃん世代の人が「アクセサリーをつけなさい！」と言ったら、もちろん、肌に墨を入れるという意味ではない。見栄えのいいバッグや美しいスカーフ、靴をうまく取り入れれば、かぎりなくシンプルなスタイルがワンランク上のおしゃれに変わる。帽子デザイナーのダニ・グリフィスは、帽子が映える服装にこだわっている。カナダのバンクーバー出身で、ウィリアムズバーグに暮らす彼女は、どこまでもおおらかな明るい人柄で、その雰囲気が服装にも反映されている。彼女はヴィンテージや古着をよく買っていて、お気に入りアイテムはソフトでゆったりしたパンツだ。パジャマを着ているみたいに見えることもあるが、シルク素材でストライプ柄のきれいめパンツは、彼女がはくとドレープが入って、なんともエレガント。しかも、それだけベースがシンプルだと自身がデザインしたつばの広い帽子が引き立つ。「わたしが気にするのはシルエットね」と、グリフィスは言う。「帽子の決め手になるのはシルエット。だから、作品が作り出す形や影を考慮するの」

Keep It Simple
シンプルに留(とど)める

マリーナ・ムニョスは、もしかしたら、ブルックリン界隈（ウィリアムズバーグ）かアルゼンチンの片田舎で弁護士をしていたかもしれない。それはそれで人気を集めていたことだろう。アルゼンチン系アメリカ人のこの女性がモデルの仕事を始めたのは、14歳のときだった。パリやブエノス・アイレス、メキシコ・シティなどで暮らした経験から、ムニョスは、美しさの表現として、ラテンアメリカ系の華やかさとフランス人の上品さの両方を学んだ。彼女が好むメンズウェア・テイストのカウボーイ風ファッションは、ブルックリンという場所にぴったり。シンプルでも、常にスタイリッシュでいられることを見事に証明している。

➲ 自分流のアプローチ
流行は追わないわ。フランス版トムボーイスタイルがわたしのファッションのコンセプト。たとえば、イヴ・サンローランのスーツを着ても、どこかフェミニンな感じがするとか。今は母親になったから、楽ちんで、しかも、なんとなくセンスが光るファッションにあこがれるわ。メンズのシャツや、パンツやジーンズなんかは好きね。

➲ 飽きのこないものがいちばん
アメリカン・ファッションに欠かせないおしゃれアイテム、たとえば、ジーンズなんかに目を向けるといいと思う。自分にぴったりのジーンズ・スタイルを見つけるの。ボーイフレンド・デニムでも、ストレートでもなんでもいいから。もしジーンズが似合わなければ、カーキのパンツとかスラックスでもいいかも。黒のタートルや白シャツを着ると、顔が映えるわ。わたしが好きなブランドは、A.P.C.、ジェイ・ブランド、ラグ＆ボーン、メイドウェル、あとはAGかな。カーキのパンツやその他のズボンなら、1.61のものが最高。

➲ 定番スタイル
平日、さっと着られる定番スタイリングは考えてあるわ。だって、朝は子どもたちとの時間を大事にしたいから。10分で出かけられるわよ。よくするコーディネートは、ニットにジーンズに甘めの靴（セリーヌの編み上げタイプのフラット・シューズとか、ロバート・クレジュリーのブーツとか）。

➲ お気に入りのブランド
A.P.C.、アピース アパート、ライアン・ロッシュのセーター、クライドのハット、アクネ、RTH、ブラック・クレーン、J.クルー。

➲ いいと思ったものは取り入れる
最近撮影でステラ・マッカートニーと一緒にお仕事をしたの。彼女はピケの白シャツに、黒のクロップド・パンツに黒のピンヒールを合わせてた。それがシンプルなのに、美しくて、しかも、セクシーだった。あれにはやられたわ。あのスタイルだったら、ナイン・ウエストのハイヒールと、ギャップの黒のパンツと、男性用の白シャツで再現できる。イヤリングやネックレスやブレスレットはいらないわ。ああいうスタイルは、アクセサリーをつけすぎると台無しになっちゃうから。シャツに関して言うと、わた

昔からあるものは いつだってすてきに見える

—Marina Muñoz, stylist
マリーナ・ムニョス　スタイリスト

しはメンズのフロアで探すようにしている。女性用シャツは、ダーツが入った細身のデザインが多いから。メンズのシャツをさりげなくおしゃれに着こなすのがわたし流。

➡ あるものをうまく使う
なんとなく野暮ったく見えて、どうしていいかわからないときは、夫のピンストライプのコットン・シャツを借りるの。ボトムスにインしてもいいし、半分だけ出してもいい。裾を縛るときは、コンバースのジャック・パーセルに、ハイウエストのジーンズに、ジャケットを合わせる。そうすれば、はやりたりもないし、おしゃれに見えるわよ。

➡ 鉄板アイテム
クルーネックかVネックのカシミアのセーターほど使えるアイテムはないわ。色の選択は、慎重に。黒とか紺とかベージュが無難かな。余裕があれば上質のものを買うこと。そうすれば、長く使えるから。

➡ パーカー
単色使いのパーカーは避けること。パープルやピンクは特にだめ。花柄のパーカーの上にデニムのジャケットを羽織ってみるのもいい。スウェット・シャツならグレー。全身ピンクやパープルよりもずっとかわいいわ。DKNYがおしゃれに見えるのには理由があるのよ。下はレギンスにして、靴はナイキかニューバランスか、アディダスのおしゃれなスニーカーにする。ソックスは履かないこと。それから、ジョギング・パンツを合わせてもかっこよくなるわ。裾に幅広のバンドがついているものがわたしの好み。先細のくるぶし丈のパンツやかっこいい系スニーカーにも合うわ。そうすると、なんとなくリック・オウエンス風になるの」

➡ 但し書き
スポーツ・テイストのカジュアルウェアを着るのは時と場合を考えて。1日中そればかり着ている必要はないのよ。それなりに努力するのはいいことよ！

➡ ブルックリンらしさ
穴開きジーンズをはいてもここでは許される。トリクルダウン理論（訳注：富める者が富めば、自然に貧しい者にも富がしたたり落ちるという経済理論）で考えれば、名だたるファッション誌を出版するコンデナスト社でジーンズ姿の編集者を見かけたら、ブルックリンではいても大丈夫ってことになるわね。ちなみに、パリでは、はきなれたよれよれのジーンズ姿では絶対街を歩かないけど。

➡ ブルックリンにある常連のブティック
オロボロ、エレクトリック・ネスト、ピルグリム・サーフ＋サプライ、バード、ジュメル、マーロウ・グッズ。

➡ 好きなこと
わたしはなんでも自分でお直しするの。ジーンズの丈をくるぶしより少し上まで詰めたりもするわ。そうすると、背が高く見えるの。妊娠中には、自分で手持ちのジーンズの両脇にゴムの三角布を足したの。産中産後には重宝したわ。腕のいい仕立て屋は知っているとすごく便利よ。

フェザー級チャンピオンのボクサーで、アイルランド系アメリカ人が暮らすブルックリンのゲリットセンビーチで育ったヘザー・ハーディは、膝丈ソックスをおしゃれのポイントにしている。シングルマザーである彼女は、トレーニングやボクシング教室での指導のために、1日のほとんどの時間をダンボにあるグリーソンズ・ジムで過ごしている。娘と一緒に暮らす自宅もジムのそばにある。膝丈ソックスを集めるようになったのは、カトリック系の学校に通っていた頃で、学校ではあえてスカートに合わせて履いていた。「それがわたしのこだわりだったの」と、彼女は言う。「唯一の自己表現の手段だった」。ボクシングの試合でも、膝丈ソックスはハーディのトレードマークになっている。女性がファッションに応じてバッグを持ち替えるように、ハーディは靴下を履き替える。

　事実、ブルックリンのデザイナーは、スポーツや運動競技のユニフォームに発想のヒントを得ることが多い。ノミアのデザイナー、ヤラ・フリンは、男性用の長めのバスケット・パンツの裾にシルク・オーガンジーのトリミングを施したアイテムを提案した。本人はそのパンツに短め丈のトップスを着て、ブレザーとオックスフォード・シューズを合わせる。フリンは、ファッションにコントラストを効かせるのが好きで、男性っぽいものとフェミニンなものを合わせたり、スポーティなものにドレッシーな要素を足したりすることが多い。モナ・コワルスカが率いるア・デタシェの2014年秋コレクション、「スポーツ・インジュリー」は、過去にスポーツをやっていた女性をテーマにしている。コレクションには、野球用のジャージ・シャツのスタイルをモチーフにした七分丈コートや、スポーツウェア用のポリエステル・メッシュで作ったプリーツ・スカート、スニーカーの形状でヒールが10cmもあるブーツなどが登場した。ベッカ・マッカーレンは、自身のライン、クロマットで、フィットネスやトラック競技用ウェアのテクノロジーを取り入れるという試みを実践している。彼女がデザインする白黒のスタイルには、レオタードやビスチェ、バイカー・パンツなどに、サポート用のストラップやワイヤーをわざと見せるようにつけてあるものもある。そこまでいくと、もはや、最先端スポーツ用の近未来的で挑発的なユニフォームと表現したほうがよいかもしれない。

アディダスのパーカーにお気に入りのファッション・アイテム、膝丈ソックスという姿でポーズをとるのは、フェザー級チャンピオンのボクサー、ハーディ。場所は、いつもトレーニングしているダンボのグリーソンズ・ジム近く。撮影の翌日、ハーディはブルックリンのバークレイズ・センターで行われた初の女性プロボクサーの試合で勝利した。

スポーティな装いにドレッシーな要素を織り交ぜるという美的感覚は違和感につながるが、そういう違和感こそファッション界ではむしろ歓迎される。その意外性が予期せぬ効果をもたらすからだ。最近のシャネルのコレクションで、カール・ラガーフェルドは、ブルックリンの女の子たちが昔からずっと慣れ親しんでいるスタイル、たとえば、ワンピースにスニーカーを合わせるといったコーディネートを取り入れた。といっても、シャネルの場合、スニーカーは、超一流の靴メーカー、マサロが手作業で仕上げたオートクチュールだが。しかも、スポーツウェア・テイストのカジュアル・アイテムに合わせたのが、こともあろうに、あのフレンチ・ツィードの定番スーツというから、さすがシャネル！

「快適かつおしゃれ」なファッションは、シャネルがショーで発表したことで、正式に認められた。とはいえ、適当に手近にあるヨガパンツとパーカーで済ませるというなら、それは話が別。機能的で、着ていて楽で、しかも、そこに自分なりの主張がなければいけない。カジュアルな中にも品格があること。自分に対して一番自信がもてる服を着ること。「それは、つまり、世間に自分の一番魅力的な姿を見せることになるの」と、グリフィスが言う。「すてきな服を着てうきうきした気分になれば、おのずと人が周りに集まってくる。自分の人生をもっと好きになれるわ」

ダンサーで振付師でもあるエル・アードマンは、スヴェンのクロッグ・シューズにレヴィノ・ヴァーナのヴィンテージのパンツという装い。アードマンは現在ブッシュウィックで暮らしている。

ちょっとブレイク…
Interlude... 美容について
BEAUTY

ブルックリンにおける美しさのモットーは、「ナチュラルでオーガニック」（当然ながら）。
一番注目を集めているのはスキンケアとヘアケア。
メイクアップとネイルも単なるアクセントではない。

「きれいな肌や美しい眉、まつ毛には誰でも関心があるものよ」。そう言うのは、美とファッションのカリスマで、キャロル・ガーデンズにあるビューティー・ブティック、シェンのオーナーでもあるジェシカ・リチャーズだ。「ブルックリンの女性って厚化粧はしないの」。明るいブロンドのリチャーズは、ふたりの子どもの母親でもある。「ブルックリンのママたちはスキンケアも基本的に簡単で手早くできるほうが好きなのよ」

ノイズ・ポップ・バンド、スレイ・ベルズのヴォーカル、アレクシス・クラウスは、グリーンポイントの住人で、片腕にびっしりとタトゥー（死神のも）を入れ、髪を真っ黒に染めている。ただ、彼女の美に対するアプローチも、基本的にはリチャーズと変わらない。「結局は昔からあるものがいいのよ」と、クラウスは言う。「流行なんて気にすることないわ。化粧を塗りたくることもない。なんといっても、シンプルなメイクときれいな髪が一番」

クラウスは美容業界で広く使われている化学薬品の規制に賛成の立場を取っている。ミュージシャンという立場に加えて、ビューティ・ライズ・トゥルースという名前のウェブサイトを共同で運営している彼女は、そのサイトで、悪しき美容の制度や習慣を見きわめるさまざまな方法を紹介し、手始めに、セイフ・コスメティックス（safecosmetics.org）というウェブサイトのキャンペーンを通じて正しい知識を身につけるよう提唱している。「化学薬品を含んだ化粧品を一度でも使ったら、それだけでガンになるというわけじゃないわよ」と、彼女は言う。「そんなはずないでしょ。それに、わたしたちが伝えたのはそういうことじゃないの。生涯それを使い続けた場合の話」

サイト上で、クラウスはほかにもさまざまな問題を取り上げていて、代替品として使用できる、ブルックリンに拠点がある工場の製品を紹介している。たとえば、ミャウ・ミャウ・ツィートやS.W.ベーシックなど。「友達の間でもかなり話題になり始めているわ。多くの人たちがわたしと同じような反応を見せた。へえ、全然知らなかった、ってね。で、次のステップは、消費の仕方の問題。体にいいだけじゃなくて、サステナビリティのこ

南カリフォルニア出身でシェンのオーナーであるジェシカ・リチャーズは、良質のスキンケアと必要最小限のメイクと眉とまつ毛の色染めを推奨している。

とも考えないと」

　オーガニックでサステナビリティにも配慮した食べ物や着る物を求める風潮が高まるにつれ、ブルックリンっ子たちの中に、美容製品に対しても天然由来成分を使ってていねいに作られている製品を好む者が増えてきた。「みんな、ほかにはない特別なものをほしがるの」。自身のブティック、シェンの顧客について、リチャーズはこう分析する。「みんないろんなブログをまめにチェックしてるわ。中になにが入っているかわかったうえで、商品を手に取るの」

シンガーのアレクシス・クラウスは健康志向の
化粧品メーカーを支援している。

サステナビリティ志向のデザイナー、ティタニア・イングリスは、ウィ・シー・ビューティ・ファンデーションを支援するブランド、メイクのシルク・サテン・リップスティックのビーツ色を愛用している。「ブラックチェリーを思わせるレッドで、メタリックなつや感もあるの」と、彼女は言う。「しかも、きちんとした製法でその色を出しているのよ」

キャット・アイのアイライナーとイヤーカフは、ミュージシャン、ヴァンダナ・ジェインの存在感を充分に引き立てている。彼女に強い色の口紅は必要ない。

　リチャーズは、アルガンやローズ、ホホバなどの植物由来のエッセンスオイルで作られたフェイス・オイルを愛用している。お気に入りブランドは、パイ、オーレリア、ジョージア・ルイーズ、カヒーナ・ギヴィング・ビューティ。フェイス・オイルはもちろん、イギリスのスキンケアの神様アマンダ・レイシーのラインをはじめとする高級フェイス・クリームも、安くはないがそれだけの価値があると彼女は言う。ちなみに、マスカラを使う代わりに、眉毛と合わせてまつ毛をカラーリングする女性が増えているらしい。コンシーラーや肌ツヤを出すハイライトも人気。あと、メリハリをつけるためのブロンザー（リチャーズは「キム・カーダシアン風メイク」と呼んでいる）。ちなみに、リチャーズが愛用しているのは、RMSビューティやキアー・ワイス、バイ・テリーなどのコスメだ。

　スキンケアをしっかりおさえたら、次なるブルックリンっ子のビューティ・ポイントは、シンプルメイクを引き立てる色使いと印象的なアイメイクだと、クラウスは言う。リップの色をダークめ、アイメイクはマスカラだけとか、リップはつや出しグロスで軽めに抑えて、目元にブラックやメタリック、スモーキーなシャドウを入れるとか。アクセント・メイクもその程度ならやりすぎになることはない。

　シンプル志向のクラウスも、ネイルは黒のメタリックがお気に入りで、ブルックリン生まれのネイル・アーティスト、リア・ロペスのところに通っている。爪は短めで先端を丸くするのが基本。使用するマニキュアはブルックリンを拠点とするフロス・グロスのもの。「爪にもいいし、仕事をするにも、ロック・クライミングをするにも都合がいいの」と、彼女は言う。見た目の美しさはもちろん、実用性を考えるのがブルックリン流だ。

流行に敏感なブランド、クロマットを率いるベッカ・マッカーレンのアイメイクは、昼間はキャット・アイで、夜はぱっちりとさせる。

EMBRACE THE WORLD

世界のテイストを取り入れる

8

シューズブランド、ブラザー・ヴェリーズのオーロラ・ジェイムズに会ったとき、彼女はケニヤ旅行からブルックリンに戻ったばかりだった。ベッドスタイのカフェにいるときも、ジェイムズはコーヒーを飲みながら時差ぼけと戦っていた。ガラス・ビーズのカラフルな長めのネックレスにシンプルな青のノースリーヴ・ワンピース、それにつばの柔らかい茶のフェルト製ハットという装い。ネックレスは、ケニヤとタンザニアの国境沿いに位置し、さまざまな部族が共生するマサイ・マラ国立保護区に住む年配のマサイ族の女性が作ったものだ。マサイ族の女性のビーズ・アクセサリーは有名で、年齢や既婚未婚など、立場に応じて異なるアクセサリーを身につける。

　シンプルなドレスとつば広の帽子に、異国からやってきたそのネックレスはよく映え、ジェイムズにとても似合っていた。「ちがう文化のものをもってきて、普段のワードローブに取り入れるのが大好きなの」と、彼女は言う。「異文化のことをもっと知って、その文化を身近に感じるようになると、物の見方が変わってくる。さらに、その品がどんなふうに作られるのかを知り、その文化ではどんな意味をもつのかまで理解すると、もっと見る目が変わるわよ」

オーロラ・ジェイムズがつけているのは、作り手のマサイ族の女性から直接購入したビーズのネックレス（左）。その存在感のあるアクセサリーは、ジェイムズのシンプルなワンピースによく映える。「ちがう文化やそこで暮らす人たちの服装にすごく興味があるの」と、ジェイムズは言う。

　新しい土地を旅して見聞を広めると、心になにかが残る。それが自分のスタイルに影響を与えるというのはよくあることだ。たとえば、インドから戻ったら、クルタ（訳注：インドの男性用民族衣装）ばかり着るようになるとか。服装で、はるか遠い世界の国とつながっているような感覚を覚えることもある。ここで難しいのは、遠い国で新たに見つけてきた掘り出し物を、自分が愛用している手持ちのアイテムにどうやってうまく合わせるかということだ。

クラウンハイツのマーティンズ・ドリームに並ぶコットンのワンピース。

　スタイリストでデザイナーでもあるデビー・ハーディはそのコツを知っている。ジャマイカで生まれ育ったハーディは、布やテキスタイルを求めて、毎年数カ月はインドやアフリカを旅している。そうして仕入れてきた布類は、マーティンズ・ドリームという名前の彼女のブランドのカラフルなコットン・ドレスの生地に使われたり、自身がオーナーを務めるクラウンハイツの小さなブティックで販売されたりしている（ちなみに、マーティンはハーディのミドルネーム）。店内には、鮮やかな色と柄があふれ、スカーフやバッグやアクセサリーがところ狭しと並んでいて、さながら、どこかの南国の街のバザールにでも立ち寄った気分になる。ハーディは、女性たちがどの色に惹かれ、その色で何を連想するかを知りたいと考えている。ちょっとしたカラー・セラピーといったところだ。

　ハーディは言う。「恥ずかしがり屋の女性は、派手な色を着ると大胆になった気がして、落ち着かないみたいなの。色のせいで、自分に注目が集まってしまうから。でも、そういう女性たちも、わたしと親しくなると少しずつ色を受け入れるようになってくるわ」。色のある服が似合わない女性はいないとハーディは言う。大事なのは、自分にふさわしい色を見つけることだ。

　ハーディ自身の色へのこだわりが、彼女をインドへと導いた。見渡すかぎり緑一色の畑の中で、女性たちの着るサリーの鮮やかな色が、オレンジ、緑、黄の蝶が舞うように見えたことを彼女は今でも覚えている。ハーディはその足でデリーのキナリ・バザールを訪れ、たちまち布に心を奪われた。そこで手持ちのルピーを全部使い果たしたという。「どのプリント柄を着るかで気分が変わるのよ」と、彼女は言う。

　長身で手足の長いハーディが上から下まで大胆な柄を着ると、どんなモデルよりよく似合う。そこに、パイと呼ばれる昔のインドのコインを使った大ぶりのブレスレットを重ねづけするのが彼女流。寒い季節になると、ブラウスとセーター、スカーフ、ブランケット

> なにを着るかではなく、
> それを着てどんな人生を歩むかが大切
>
> ― Diana Vreeland, fashion editor
> ダイアナ・ヴリーランド　ファッション編集者

を重ね着して、ウエストラインがわかるように上からベルトを締める。そして、さらに色を重ねるために、複雑な柄の色鮮やかなトートバッグを肩からかける。すべてが合わさると相乗効果でかなりおしゃれに見える。ただし、他の人がやるとちょっと珍妙に見えるかもしれないけれど。

「街なかで、自分が着たらとんでもないことになると思うような格好をしている人に会ったことあるでしょ?」と、ハーディは言う。「それでいて、内心ではこう思ったりする。あの人には似合ってる。ちゃんと着こなしているわ、って。それは、その人の内面にあるものが着ているものとうまくリンクしているからなの。だから似合うわけ。なにが似合うかは人によってちがうの」

イギリス人のインテリア・デザイナー、ヒラリー・ロバートソンは、10年ほど前にロンドンからフォートグリーンに移ってきた。彼女に言わせると、アメリカ中で開催されているフリーマーケットは、異国のお宝の山だ。毛が密な厚手のアルパカのクリーム色のコートと、赤とネイビーのスタジアム・ジャンパーは、サンフランシスコ近郊に位置するアラメダのフリーマーケットで手に入れた。

ロバートソンの定番スタイルは、くるぶし丈のブーツに、ジーンズか、あるいは、ジッパーがあちこちについたバイク用スキニー・パンツ。それに、セーター、ベスト、ジャケットを重ね着する。色にも強いこだわりがある。定番色は、ネイビー、黒、カーキで、夏場は、白かクリーム色を着る。そんな彼女が、赤とネイビーのスタジアム・ジャンパーのような変わり種のカラフルなアイテムを選ぶときは、それが自分の持ち物とマッチすることをわかっているから。「イギリスにいたときはもっと色のあるものを着ていたのよ」と、ロバートソンは言う。「基本的にかなりアンチ・ブラック派だった。当時、黒を着るのは逃げだと思っていたから。だって、ほら、黒はなにを着ても黒でしょ。ここに来てからは、イギリスにいた頃より、もっと中間色を着るようになった。だんだんとそうなっていったのよ」

Travel Light
身軽に旅をする

デビー・ハーディは、インドを旅するとき、あるいは、どこを旅するにしても、身軽に動けるようにしている。デザイナー兼スタイリストである彼女はいろいろな場所に立ち寄る。マーケット巡りをしたり、マーティンズ・ドリームという自身のワンピースのラインで職人たちとコラボしたり。かつては、スタイリストとしてエリカ・バドゥのツアーに同行したこともある。いろいろな経験をしてきたデビーは、現在、自分の店を構え、ほかにはない特別なアクセサリーやテキスタイルを店頭に並べて、客の目を楽しませている。そんな彼女の、旅のパッキングリストをここで紹介しておく。

- ダークカラーのTシャツ3枚
洗濯して、同じTシャツを1週間ぐらい着る。

- デニム・シャツ1枚とセーター1枚
空港にいるときに着ることが多い。

- パンツ2本
（だいたいは、カーゴ・パンツかジーンズ）
ジーンズはおすすめ。どんな場所に行くことになるかわからないし、なんにでも合うから。安物のトップスとかちょっとした小物ならどこでも見つかるけど、わたしはジーンズ派だから、ジーンズだけはジャストサイズのものを持っていきたいの（ハーディのお気に入りブランドは、ジェームズ・ジーンズやロック＆リパブリック）。

- ワンピースかカフタン・ドレス1着
どんな場所であれ、それなりに格好がつき、着ていてすごく楽。

- スカーフかブランケット風のショール1枚
背中に羽織ったり、下に敷いたり、腰に巻いたり、いろいろ使えて重宝。

- 厚さのちがうソックス3枚
行く先によっては、暑かったり、凍えるほど寒かったりするから。

- 下着7セット

- できれば、ハイキング・ブーツも
ネパールでトレッキングするときのために。

- 履き慣れたコンバースの
チャック・テイラー1足

- ビーチサンダル1足

- 基礎化粧品一式
メイク道具はなし。持っていくのは、マリオ・バデスクの洗顔料と乳液とメデックスのリップクリーム。

クラウンハイツの裏庭で夏の雨に濡れるデビー・ハーディ。ハーディが着ているマーティンズ・ドリームのコットンのマキシ丈ワンピースは本人のデザイン。

> 旅はするべき。肘掛椅子に座って
> 雑誌の旅のページをめくるだけでもいいから。
> 旅をすれば、自分がどういう感性で
> アイテムを選んでいるかすべてわかるはずよ

—Hilary Robertson, interior designer
ヒラリー・ロバートソン　インテリア・デザイナー

クリントンヒルの自宅で愛猫のフレッドとくつろいでいるヒラリー・ロバートソン。ジョー・フレッシュのジーンズにCOSのトップスという装いで、指にはめているのは、イタリアで見つけたモニカ・カスティリオーニの真鍮リング。

　アメリカに住むようになって、ロバートソンは、次第にはやりすたりのないスタイルを好むようになり、以前よりも上質でベーシックなアイテムを取り入れるようになった。アメリカ人は、Tシャツのような定番のアイテムを上手に着こなしていると彼女は力説する。その背景には、セットアップや既製服を生み出したアメリカの歴史がある。かたや、イギリス・ファッションはもっと奇抜だ。「はるかに斬新なの。自由奔放とでもいうか」と、彼女は言う。「ファッションでは、アメリカよりも流行を先取っているわ。イギリスにいると、ついキラキラ系に目が行くの。服っておもしろいわね。着るものに連動していろんなことが変わってくるから。アメリカにいると、質とかディテールが気になるし」

　履き心地という点で、ロバートソンは、テキサスを拠点とするザ・オフィス・オブ・アンジェラ・スコットの手仕上げの靴を愛用している。ロサンジェルスにいるときによく顔を出すのは、ヴェニスにあるハイストという店で、そこにはフランク＆アイリーンがデザインするメイド・イン・カリフォルニアのシャツも置かれている。長身のロバートソンは、ファッションにあえてメンズライクな女性らしさを取り入れるのが好きだ。「わたしの理想の女性といえば、まずローレン・ハットンね」と、ロバートソンは言う。「自分なりのスタイルを見つけ、それを実践し、そこにこだわり続ける生き方が好きなの。人によっては、そこに至るのにひどく時間がかかったりする。一方で、自分にしっかりとしたアイデンティティがあれば、そこまで時間はかからない。自分の体型に合っていて、しかも、自分がこれまで築いてきたアイデンティティとマッチするスタイルを見つける必要があるわね」

デザイナー、エニオラ・デヴァドゥは、祖国ナイジェリアの伝統からスタイルのヒントを得ている。ナイジェリア人を両親にもち、ロンドンに生まれたデヴァドゥは、12歳のときに家族と共にフロリダ州タラハシーに移った。ニューヨーク市でファッション関係の仕事に就くためにブルックリンに越してきたのは10年ほど前のことだ。最終的に、インディペンデント映画会社専門の衣装デザイナーという職に落ち着いた。その頃から、自己表現として自分のスタイルをもっている人は彼女にとってずっと気になる存在だった。だからこそ、そこの部分をもっと掘り下げようという気持ちになったのだ。

　ある週末、チェルシーのフリーマーケットを物色していたデヴァドゥは、ナイジェリアのヨルバ族が手織りで作るアショ・オケ布の山を見つけた。それは、自分の母親が昔もっていた布や、パーティーや結婚式などの場面でかつて目にした手の込んだ衣装に使われていた布と似ていることに彼女は気づいた。デヴァドゥは昔のデザインの複雑さに興味を抱いた。模様の重なり方や、対角線上に糸を走らせる手法や織り方。それは、まさに親から子へと受け継がれるべき匠の技だった。

　「(ニューヨークでは)わたしは世界中から来た人々に囲まれていた」と、デヴァドゥは言う。「あの頃、いろいろな場所を旅しているクリエイティヴな人たちと一緒に仕事をしていたわ。旅行体験が彼らの作品に影響を与えているのは一目瞭然だった。それで、わたしも自分なりのインスピレーションの源を探したいと思っていた。そんなときに、昔のテキスタイルと出会って、詳しく調べていくうちに、旅に出ることを思いついたの。自分なりの創造のヒントを見つけられた気がしたわ。そして、テキスタイルを通して、自分の過去や歴史とこうやってつながっていくのだと実感したの」

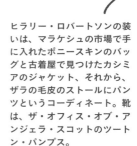

ヒラリー・ロバートソンの装いは、マラケシュの市場で手に入れたポニースキンのバッグと古着屋で見つけたカシミアのジャケット、それから、ザラの毛皮のストールにパンツというコーディネート。靴は、ザ・オフィス・オブ・アンジェラ・スコットのツートン・パンプス。

ダンボのアトリエにいるエニオラ・デヴァドゥ（左）。彼女が着ているのは、後ろの壁に並んでいるアショ・オケ布で作られた自身のブランド、アラミデ・ディアロのチュニック。右ページでデヴァドゥが着ているのは、ヴィンテージものの、刺繍が施されたシャンブレーのメキシコ風トップスに、ヴィンテージのシルクのプリーツ・スカート。

　デヴァドゥはアショ・オケ布を使ったコレクションの制作に取り掛かった。彼女はそのコレクションを「アラミデ・ディアロ」と呼んでいる。簡単にいえば、ヨルバ族の言葉で「家族はここにいる」という意味になる。ダンボにある、白い壁で囲まれた自分の小さなアトリエで、彼女は、アフリカの芸術や織物に関する本や、美しく着飾って盛装しているナイジェリアの女性たちの白黒写真や、整然と折りたたまれたアショ・オケ布の山に囲まれている。デヴァドゥはそういうテキスタイルを、チュニックやコート、枕、ソファの布張り用の生地として使っている。チュニックやコートは、西アフリカの男性がよく着ているアグバダと呼ばれる刺繍を施した袖広のローブをもとにデザインされている。

　2014年の春、デヴァドゥは初めて長期間ナイジェリアの地を旅した。ラゴスの海岸沿いの街やその付近のイバダンやイジェブ・オデという街を巡り、アショ・オケ布を作っている地区を探した。昔ながらの工法を覚えている人に実際に会ってみたかったのだ。「西アフリカのテキスタイルには、ブルックリンでは絶対に見られない得も言われぬ美しさがあるの」と、デヴァドゥは言う。

> わたしのおしゃれは、
> これまでの旅の想い出や経験を
> すべてごちゃまぜにしているの

— Marina Muñoz、stylist
マリーナ・ムニョス　スタイリスト

　そのアフリカ旅行で刺激を受けたデヴァドゥは、自分で集めてきたヴィンテージのアイテムをうまく取り入れた自分流の民族衣装風ファッションを好んで着るようになった。たとえば、ウォダベ族が使う下帯をスカーフとして巻いたり、エチオピアのオモ・ヴァレーで手に入れたビーズ・アクセサリーをつけたり。といっても、デヴァドゥのお気に入りアイテムは、ジーンズやレギンス、ペンシル・スカートなどと合わせれば、誰もがおしゃれに着こなすことができる。

　デヴァドゥが住むクラウンハイツ界隈では、西アフリカ出身の人たちが民族衣装と欧米ファッションをうまく融合させたおしゃれを楽しんでいる。そのあたりをぶらぶらすれば、アグバダにジーンズやスニーカーを合わせる男性や、アショ・オケ布で作ったブラウスやスカーフ、ヘッドウェアに冬用のコートやスカーフをコーディネートしている女性に出会えるかもしれない。

　遠くを旅してきて家に帰ってくると、そこになにかしらのつながりが生まれる。旅に出ると、人は、訪れる場所、経験した文化、出会った人々からさまざまな影響を受ける。そして、旅先から帰ってくると、伝えたいと思う新たな発見がいくつもあって、広い世界を見てきた感動がなかなか頭から離れない。そんなとき、旅で見つけた今までにない要素を手持ちのアイテムやお気に入りのアイテムにプラスすると、自分の経験が自分のスタイルに自然に溶け込んでいく。それが飽きがこないファッションの秘訣だ。

　「スタイルは文化を表現することなの。それをわたしは芸術だと考えてる」と、デヴァドゥは言う。「ファッションってとても正直なものだと思う。着ることで、自分の経験や知らない物語や歴史をストレートにそのまま伝えられるわけだから」

マリーナ・ムニョスが腰に巻いているのは、アルゼンチンでよく見かけるガウチョ・ベルト。ジーンズも夫から借りてきたシャツも、ともにJ.クルーのもので、靴は、昔から愛用しているグッチのホースビット・ローファー。彼女の家族は、キャンプに行くときは赤と黒のバッファロー・チェックのブランケットを持っていく。「うちの家族は冒険好きで、自分たちにはジプシーの血が流れていると思っているの」と、彼女は言う。

ちょっとブレイク…
Interlude...
ACCESSORIES
アクセサリーについて

控えめでシンプルなもの ── モダンか、クラシカルかは別として ── もあれば、その真逆で、斬新で主張のあるデザインのものもある。どちらを選ぶにせよ、アクセサリー次第で注目度はワンランクアップする。

スタイリストのシミ・ポロンスキー（左ページ）がつけているのは、カウベルと羽飾りでできたSBNYアクセサリーズのネックレス。バードのオーナー、ジェニファー・マンキンス（右上）がつけているのは、まぎれもなくメリッサ・ジョイ・マニングのネックレス。オーシャン・ピクチャー・ジャスパー、ヘミモルファイト、クリソコラなどの天然石、抜け落ちた枝角の先などでできている。

ア・デタシェのモナ・コワルスカ（上）は、タートルネックのセーターの上に光沢感のあるゴールドのカフをはめてチョーカーに見立てている。ロングボードのスケーター、プリシラ・ブイヨン（右下）は街なかをスケボーで移動し、障害物を飛び越えたりしているが、そういうときでもネックレスや革のブレスレットをつけている。

（上から時計回りに）
企業家でデザイナーのケイト・ヒューリングがつけているのは、カルティエのソリッド・ゴールドのLOVEブレス。名前の通り、手首にぴったりはまるこのブレスレットは、約束の証。彼女のマスタード色のマーロウ・グッズのディナン・バッグは、ショルダー用の長いストラップを外してクラッチ風に。カルティエのブレスレットと同様、ヒューリングのデザインはすっきりしていて、クラシカル。アーティスト、ミカリーン・トーマスは、クロム・ハーツのアヴィエター・サングラスをかけると、ちょいワルな感じになる。

（上から時計回りに）
ライターのソフィア・ヘッドストロムが指にはめているラッパー風の指輪には、筆記体で「スラッタ」と書かれている。ストックホルムの彼女の故郷の名前。女優のトラエ・ハリスがつけているのは、ロバート・インディアナのかの有名な彫刻「LOVE」をモチーフにした指輪で、ソウル・オグンのランシャンテール・ラインのもの。トラエとスタイリストのデビー・ハーディはマキシマリストで、アクセサリーを重ねづけする。ハーディがはめているお気に入りのリングには、インドの昔のコインが使われている。

HAVE SOME FUN

遊び心をもつ

アーティストで衣装デザイナーのクリスチャン・ジョイは、街でキャンディみたいにキュートなファッションをいつも探している。彼女の好みはカラフルでちょっと奇抜なスタイル。たとえば、アフロパンクスとか、90歳を超えてなおファッション・アイコンとして君臨するアイリス・アプフェルの精神を見習って今なおおしゃれを楽しんでいる年配の女性たちとか。「なるべくじっと見ないようにしているわ。だって、じろじろ見られたら、嫌な気がするでしょうし、落ち着かないでしょ」と、ジョイは言う。「でも、そう言いながら、『まったく、あの人のあの格好はなに？』なんて思って思わずぽかんと眺めちゃうこともあるけど」

　20年ほど前からブルックリンに住んでいるジョイは（現在はグリーンポイント在住）、極端なファッションで楽しむ術(すべ)を知っている。彼女は、バンド、ヤー・ヤー・ヤーズのフロント、カレンO（彼女の姓のオルゾレックから）の衣装デザイナーとして、インディー・ロックでもっとも奇抜な衣装をいくつも考案してきた。たとえば、ステージ上でオルゾレックが両腕を挙げると蝶々みたいに見える、ひらひらしたシルバーのフリンジがついた白黒のジグザグ柄のケープとか、メキシコの祭典、死者の日の骸骨みたいなユニタード（訳注：胴体から足先まで覆うレオタード）とか。ジョイはまたオルゾレックのために、シルクのロングドレスや派手なスーツなどもデザインしている。スーツのほうは、エルヴィス・プレスリーやグラム・パーソンズといった伝説のミュージシャンの衣装を制作していたテーラー、ヌーディ・コーンのスタイルを取り入れている。（2007年に、ロンドンのヴィクトリア・アンド・アルバート・ミュージアムで開催されたニューヨークの現代ファッション展では、ジョイの作品も紹介されている）。

ヤー・ヤー・ヤーズはインディー・ロックブームの波に乗って2000年にデビューすると、すぐにホワイト・ストライプスやザ・ストロークスなどとともにニューヨークのミュージック・シーンで活躍するようになる。その頃、ジョイはイースト・ヴィレッジにあるデザイナー、ダリル・ケーのブティックで働いていて、オルゾレックがよく買い物に来ていた。ジョイは、80年代のプロム・ドレスを裁断し、ペイントしたり、ホッチキスで留めたり、新聞紙やガムテープで覆ったりして、別の服に仕立て直し、それをオーチャード・ストリートの店に売り込んでいた。オルゾレックがジョイにステージで着るド派手な衣装をデザインしてほしいと頼んだのが縁で、ふたりは親しい間柄となった。

クリスチャン・ジョイの着ているブリーチ・デニム・ジャケットには、本物のスタッズの中に手描きのスタッズ柄が混じっている。地面に引きずるほど長いタフタのフォーマルなドレスは古着屋で見つけたもので、ひと結びして着ている。ヒョウ柄の手袋は、ヤー・ヤー・ヤーズのカレンOからのプレゼント。靴は、シガーソン・モリソンの鮮やかな赤紫色のアンクル・ブーツ。

Do Play
With Your Clothes
服で遊んじゃおう

**ハサミや絵の具や自分の好きなものを使って、
デザイナー、クリスチャン・ジョイはとんでもないファッションを考え出す。**

➡ 流行や売れ筋に左右されない。

ジョイは自分の服の大半を、古着屋や軍の払い下げ品店、1ドル・ショップ、委託販売店などで買っている。たとえば、イタリア軍の作業用上着とか、Tシャツ、スウェットを買ってきて、委託販売で見つけた上等なアイテムと組み合わせる。こうすれば、メゾン・マルタン・マルジェラのパンツや、コム デ ギャルソンのスカートなどを含めても、100ドル以下ですてきなコーディネートができあがる。

➡ 自分の服装にオリジナリティをもたせる。
「コートの代わりにタオルを羽織ってごらんなさい」と言ったのは、イギリスの代表的デザイナー、ヴィヴィアン・ウエストウッドだ。「あるいは、ご主人のボクサー・パンツにベルトをするとか、おばあちゃんのものを着るとか。それも立派なDIYよ」。靴にスプレーをかける。Tシャツの背中部分を切り取る。色あせやシミがある古くなった服をペイントする。男性用のだぶだぶのシャツにスクリーンプリントをして、ベルトを締め、ワンピースのように着こなす。「男性用の白のボタンダウン・シャツなんてどこでも手に入るでしょ」と、ジョイは言う。

「そこに切り込みを入れて、首周りのデザインを作り変えるの。そうしたら、自分なりのスタイルができあがるわ」

➡ 昔のファッションに頼らない。
人はみんな昔流行したスタイルに頼りがち。たとえば、60年代に流行したサンドレスとか、70年代風スーツとか、90年代のグランジ・ファッションとか。ジョイは言う。「もし過去のファッションを参考にしたいなら、それを解体してみるの。あるいは、それにアレンジを加えるとか。とにかく、自分なりのスタイルを考えてみて」。こういうアプローチはさほど難しいことではない。ファッションの変遷を無視すればいいのだ。たとえば、チェックのシャツに1950年代のペンシル・スカートを合わせて、プラットフォーム・シューズを履いてみるのもいいかもしれない。

➡ ユーモアを忘れない。
「とりあえずやってみること」と、ジョイは言う。「みんな昔ほどそういうことに抵抗がなくなっているから」

グリーンポイントにある自分のスタジオにいるクリスチャン・ジョイ。着ているのは彼女がデザインしたスモック風ワンピース。

アーティスト、キーティング・シャーウィン（左）は、ぼろぼろになったヴィンテージの毛皮のコートに手持ちのデニム・ジャケットを組み合わせている。シャーウィンのデニム・ジャケットのように、流行のアイテムに、いささか難あり（でも、愛着もあり）のものを合わせると、オリジナリティが増す。

　アイオワ州マリオン出身のジョイは独学で裁縫を学び、デザイナーになった。はじめの頃は、服作りといっても、接着剤とハサミとホッチキスぐらいしか使っていなかった。「あの頃、カレンの衣装はたくさん作っていたけど、どれもこれも切り貼りだった」と、ジョイは言う。「そういうところが丸見えになってたけど、本当に楽しかったわ」。初期の作品は、パンクロックの精神そのものだった（漁網をずたずたに破くとか、Tシャツにペイントするとか、黒のレザー・ジャケットにスタッズをつけるとか）。ジョイの「とにかくやってみよう」的なアプローチは、南西部出身者ならではで、実用主義的な性格を象徴している。母方の家族はみんな自分でなんでも手作りしていた。そんな家庭で育ったジョイは、とにかく行動派だったが、それは曾祖母の影響だった。曾祖母はバスタオルの端切れを編んでものを作ったりする人だったのだ。「みんな当たり前のように自分の服を作ってたの」と、ジョイは得意げに言う。「それで、みんなにできるんだったらわたしにもできると思ったわけ」

ミュージシャン、ヴァンダナ・ジェイン。ヴィンテージのジャンプスーツにナンシー・ステラ・ソトのキモノ風羽織りというスタイルはかなり大胆な印象。

日本人デザイナー、コズミック・ワンダーの服を身にまとうエイプリル・ヒューズ（左）と、ブルックリンにあるエレクトリック・フェザーズの服を着ているマリーナ・ブリーニ。自宅近くのウィリアムズバーグの遊び場にいるふたりはいかにも楽しげ。

*スタイリングする。おしゃれする。
あるいは、着飾る。
いずれせよ、こんなに楽しい遊びはない*

—Marina Burini, experience designer
マリーナ・ブリーニ　エクスペリエンス・デザイナー

　ジョイ自身のファッションは、すっきりした定番のラインのものが多い。メンズ・ファッションをこよなく愛し、白のTシャツとか、先の尖ったウィンクルピッカーがお気に入りだ。また、アメリカらしいユニークなアイテムも大好きで、刺繍入りのデニム・シャツやプードル・スカート（訳注：アメリカ50年代のスタイルで犬のプードルのアップリケがついているフレアースカート）、Cadillac（キャデラック）のロゴ入りトレーナーなどは、おそらく「グリース」（訳注：1971年初演の学園ものミュージカル）の再演で注目されたのだろう。「わたしにとって、おしゃれなスタイルって、自分らしさをもっているってことなの」と、ジョイは言う。「すごい、シャネルを着てる！って思う人もいるでしょうね。でも、それがなんなの？　シャネルを着ているからってどうってことない。でも、その女性がシャネルの服に5ドルのイヤリングをつけて、ヴィンテージの靴を履き、個性的な髪型をしていたら、それは話が別よ。服がおしゃれを作るわけじゃない。おしゃれかどうかは、どんな服装を選ぶかで決まる。なにをどう組み合わせるか、自分らしさを表現できているかどうかが大切なの」

　ブルックリンの女性たちの多くが彼女の哲学に賛同している。かつてスタイリストをしていたマリーナ・ブリーニは、現在、ライフスタイルを提案するブランドのデザイナーとしていろいろなイベントを担当している。彼女は、さまざまなスタイルに挑戦することが、表現したいという人間の欲求を満たすことだと信じている。

　若い頃パリに住んでいたブリーニは、フリーマーケット巡りをして、そこで買ったお気に入りのアイテムを生かしたスタイリングをするということをよくしていた。その頃好きだったのは、着物とかアニエス・ベーのホット・パンツとか。絶えず旅をしている彼女は、その土地ならではのものを取り入れることにはまっていた時期もある。何年も前からずっと、ブリーニのクローゼットには、トルコで見つけてきたアナトリア地方に伝わる刺繍入りの白い民族衣装がしまわれている。最近ではミニマリストのテイストに近づいているが、それでも昔は着なかったようなスタイルや色、シルエットには挑戦中。ブリーニは、自分のワードローブに遊び心を取り入れ、そして、あえて直感に反することをやってみることを提案している。「まさか、こんなもの着られないわ、と思うことがあるでしょ。じゃあ、なぜそう思うの？」と、彼女は尋ねる。「自分で着られないと思い込んでいるだけで、本当にそうなのかしら？　もしかして、思い込みじゃないの？」

そんなことを朝の着替えのときにあれこれ考えるのは少々無謀かもしれない。「ふさわしい服」と「ふさわしくない服」というものに対する固定概念を捨てるにはどうしたらいいのだろう？ この問題は自分の深層心理の領域に関わってくる。嬉々としてド派手なファッションに挑戦するアイリス・アプフェルは、おしゃれに対する自分の潜在意識にたどり着くための自己探求に余念がない。雑誌「エル・デコ」の取材で、アプフェルはこう言っている。「自分がどういう人間なのか知るべきね。それで、自分らしくいることが楽じゃないと。まずは、自分らしくふるまうこと」

　昼間より夜のほうが自由におしゃれできるという女性は多いのではないだろうか。ブッシュウィックのナイトライフでは、まちがいなくそうだ。なぜなら、ここには服で遊ぶという気風がしっかりと根づいているから。クロマットのデザイナー、ベッカ・マッカーレンはこの界隈ではかなり影響力のある存在。クロマットがさまざまなパーティーを主催していることもあるが、それだけでなく、パーティー好きな面々はマッカーレンのファッションをまねしている人が多い。

　ヴァージニア州出身のマッカーレンは、都市プランナーとして働く以前は建築の勉強をしていた。その経験を生かし、彼女は生地で実験を試みては、小さなコレクションを企画し、そこで作品を販売したりしていた。その後、彼女は建築家として新たな生活をスタートさせるために、ニューヨークに移り住んだ。職探しをしていた頃、彼女は鳥かご型のブラを制作していた。イメージとしては、ジャンポール・ゴルチエがデザインし、マドンナが着用したあの悪名高いストラップつきのコーン・ブラに似ている。マッカーレンは注文をこなしながら、内心ではこう思っていた。「こんなことしてないで、履歴書を出さないと。とにかく、定職を見つけなくちゃ」。それから数カ月、彼女の鳥かごブラは売れに売れ、マッカーレンはそれで身を立てると覚悟を決めた。

ヘイニーのシルク・シフォンのラップドレスを身にまとう、美とスタイルのエキスパート、メアリー・アリス・スティーヴンソン。

クロマットの服を着てドクターマーチンの靴を履き、ブルックリンのネイビー・ヤードに立つベッカ・マッカーレン。

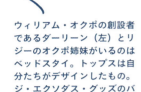

ウィリアム・オクポの創設者であるダーリーン（左）とリジーのオクポ姉妹がいるのはベッドスタイ。トップスは自分たちがデザインしたもの。ジ・エクソダス・グッズのバッグは、姉妹がソランジュ・ノウルズと共同経営するニューオリンズのショップのもの。

　クロマットの商品は、ハーネス型にせよ、鳥かご型にせよ、まさに着られる建築物だ。女性のフォルムを骨組みで表現しているとも言える。実際、ヒップや肩やバストを強調した作品もある。翼やビスチェ、ガーター、フェイス・マスク、ワンピース、靴、水着など、商品の種類はさまざま。サイボーグ風の鳥かご型ケープは等身大の大きさで、まさに頭からかぶれる鳥かごだ。「クロマットで熱中しているのは、服の構造を分析すること。縫い目ひとつひとつや骨組み、アンダーワイヤーまで緻密に考えるわ。そういうものすべてが一体となって服になるの。それを堂々と着るのよ」と、マッカーレンは説明する。

　5年もしないうちに、マッカーレンはクロマット・コレクションを発表するまでになり、熱心なファンを獲得した。ビヨンセやマドンナ（25年前のブロンド・アンビション・ツアー以来、あの手のスタイルが気に入っているらしい）は、クロマットの衣装を着てステージに立っている。デザインしている当の本人は、クロマットの作品を普段着として平気で着ている数少ない女性のひとりだ。ブラレットの下にすけすけの黒のメッシュのトップスを着て、ハイウエストのペンシル・スカートかパンツをはくというのが彼女の定番。クロマットの服以外では、ブルックリンに住んでいる友人のブランドの服を好んで着ている。中には、クロマットの服とはかなりテイストがちがうものもある。たとえば、バスト部分に穴が開いているデゲンのカラフルなニット。アップステートのものは絞り染めで、流れるようなゆったりしたシルエットが特徴的だし、ティタニア・イングリスのトップスはミニマリストさながらにどこまでもシンプルだ。

 わたしがおしゃれでもっとも
大事にしていることは、服装を楽しむこと。
古すぎるとか、高すぎるとか、安すぎるとか、
かわいすぎるとか、ダサすぎるとか、
そういうことはわたしにかぎって絶対ないわ

— Valerie June, singer
ヴァレリー・ジューン　歌手

流行はときに大衆を一様に同じ
スタイルにしてしまう。
人はみな最新ファッションとやらに走りがち。
独自のファッションをしている個性的な
人々を見るのは楽しい。
そういうところに人はどこまでも
インスピレーションを感じるものだ

―Jack McCollough and
　Lazaro Hernandez, **Proenza Schouler**
ジャック・マッコローとラゾロ・ヘルナンデス　プロエンザ・スクーラーのデザイナー

　ナイトライフは、マッカーレンのメイクにも気合いが入る。まつ毛に鮮やかなブルーをつけるのが定番だ。それに、サイズ感が大きめのいつもより派手なクロマットの服を着て、ワイヤーで作った黒いネコ耳とか、エイリアン風の触覚とか、フェイス・マスクとか、同じクロマットでももっと遊び心があるアイテムを身につける。楽しくなければ、誰が好きこのんで、エイリアンの触覚を頭で揺らしたりするだろうか？　マッカーレンにつけられないアクセサリーはない。たとえ触覚でも、彼女ならそのスタイルを自分のものにしてしまうから。

　たしかに、クロマットは誰にでも着こなせる服ではないかもしれない。だが、たとえあの骸骨ルックに食指が動かなかったとしても、マッカーレンから学ぶところはいろいろある。彼女のスタイルはかなり個性的だが、それは強さに由来する。一見して奇抜とわかる服をデザインしているところからして、彼女が「ふさわしい」とか「ふさわしくない」とか、他人の常識に固執していないのは明らか。たとえ、エイリアンの触覚をおしゃれなアクセサリーのつもりでつけるなんておかしいと人に言われても、もし自分が気に入っているなら、どんどんやればいいのだ。

1960年代のジャン＝リュック・ゴダール監督の世界観を醸し出しているテイラー・ラシェ。ディープブランクのサングラス。ジプシー・ウォリアーのジーンズ。短めセーターと帽子はどちらもヴィンテージの掘り出し物。

VPL（ビジブル・パンティ・ライン）のデザイナー、ヴィクトリア・バートレットは、自身のデザインと手持ちのアイテムをもとに色で遊ぶ。緑と黒のロックスベリーのネックレスはVPLとOGJM（オルリー・ジェンジャー・バイ・ジャクリン・メイヤー）のコラボグッズ。

コントラストを学ぼう。バイク女子でグラマー・ドットコムの管理者、カット・トムセンは、サム・オッド・ルビーズのワンピースにクリスチャン・ルブタンのストラップ・シューズといういでたち。あとはヘルメットがあれば、颯爽とバイクで走り去るところだろう。海軍兵士の家に生まれ、現在はクリントンヒルに住むトムセンは、普段からワンピースにヒールというスタイルを守っている。ちなみに、彼女はベースも弾く。

Interlude...
HEADWEAR

ちょっとブレイク…
ヘッドウェアについて

編んだ布を巻いたり、羽根や骨や金のコブラのレプリカをつけたり、頭に飾り物をする習慣は、はるか古代文明にまで遡る。そうした昔からのスタイルは、数千年の時を経てもなお、新鮮に感じられる。

サラ・ソフィ・フリッカー（左ページ）が頭につけているラナンキュラスとカラーの冠は、フォックス・フォダー・ファームのテイラー・パターソンがデザインしたもの。フリッカーはパフォーマーであり、フェミニズム運動家。彼女のコーディネートには、婦人参政権論者らしさに加えて、1920年代のフラッパーのテイストも感じられる。ヘッドウェアを印象的に取り入れるのも彼女のおしゃれの一環。

ジェニファー・ベアの光輪風ヘッドウェアをつけたスタイリストのカリン・スター（右）。ヘッドウェアは結婚パーティーのときだけのものではない。スターはヨガのときでもこの光輪をつけている。フリッカーがつけているジェニファー・ベアのマルガリッテ・ティアラ（下左）は、1920〜30年代に製造された家具の真鍮の飾りをもとにデザインされたもの。1990年に登場したライオット・ガールズ（訳注：ワシントンを中心に火がついたフェミニズムとDIYパンク思想が結びついた活動的な女性たち）は、このティアラを、フェミニスト・パンクの女王の象徴にした。エニオラ・デヴァドゥ（下右）がブルキナファソで見つけたというアンティークの真鍮のヘアピンが、編み込みヘアをエレガントに見せている。

「頭部を飾ることに対して、もう少し大胆になったほうがいいわね」と、ブルックリンを拠点に活動するヘッドウェア・デザイナーのジェニファー・ベアは言う。「ありきたりじゃないものをつけるの。それで個性を示すのよ。そうすれば、そのへんを歩いている女性たちよりワンランク上のおしゃれができるわ」

　どれくらいの種類があるだろう？　ブルックリンの女性たちは1枚の布で何通りものアレンジができる。

ボヘミアン・スタイル：カリン・スター（左）は、母親のヴィンテージもののスカーフを3枚使い、それを編んでひとつのヘッドアクセサリーにしている。

スワーミ（訳注：ヒンドゥー教の導師）**・スタイル**：女優のトラエ・ハリス（下）は、友人がデザイナーを務めるブランド、サード・カルトの手染めのテキスタイルをターバンのように巻いている。

アフリカ・スタイル：アフリカほど多くの女性が布を巻きつけるおしゃれを楽しんでいるところはない。そんなアフリカの文化に影響を受けているのが歌手のアデリーン・ミッシェル（右ページ上）。天然パーマの髪をアップにし、布をひとつに結んで頭のてっぺんで留めている。

パイレーツ・スタイル：シンプルな三角形のスカーフで髪を覆って襟足の後ろで結んでいるのは、シェフのレスリー・パークス（右）。海を想像させる装い。

アメリカーナ・スタイル：バンダナ姿の肉屋のサラ・ビゲロー（下）。バンダナはブルックリンのレストランで働いているたいていの女性たちにとって欠かせないアイテム。

ちょっとブレイク ヘッドウェアについて ＊195

LOVE THE STREET

ストリートを愛する

10

ニューヨークは日々変化している。自転車レーンや緑地公園が増えて住みやすくなる一方で、一癖も二癖もある変わり者があふれ（家賃も今よりもっと安くて）、光と影が混在するかつての街の姿は次第に消えつつある。この傾向がもっとも顕著なのがマンハッタンだ。たとえば、バワリー。あそこはもはや、失業者や麻薬常習者がたむろするスラム街でも、サブカルチャーの殿堂であるライヴハウスCBGBに通うロッカーやパンクスの住処（すみか）でもなくなった。たしかに、通りを歩いていても以前より治安がよくなったようだ。おしゃれなザ・バワリー・ホテルのバーに気軽に立ち寄ることもできる。しかし、この街は、古き良き「ニューヨーク」の根底に流れていたなにかを失ってしまった。

　この変化はこの街のファッションにも反映されているが、イースト・リバーをはさんでブルックリン側は、まだ昔のよさが残っている。気骨があって、さまざまな表情をもち、こぢんまりしているが創造性に富んだ場所。不完全の中に完全があるという言葉を地でいっていたニューヨークの往時の面影がそこにはある。

　プラット・インスティテュートのファッション・デザイン学科長を務めるジェニファー・ミニッティは、ブルックリンに見られる「エッジがきいていて、ちょっとファンキーで、それでいて調和のとれた」スタイルを評価している。ミニッティは自分が住むクリントンヒル界隈で出会った男性のことを引き合いに出した。その人が穴の開いたトレーナーを着ていたので、80年代のコム デ ギャルソンかヨウジヤマモトあたりの作品だろうと見当をつけたら、実はその男性が自分で作ったものだったという話。

> ストリート自体が
> インターネットになってしまったみたいだ。
> それほど大勢の人が
> 同時にあそこでおしゃべりに興じている

—Rick Owens, designer
リック・オウエンス　デザイナー

　ミニッティの教え子たちは流行には興味がないのだと言う。「生徒たちは街に出たり、クラブに行ったりして、自分の目で見てきたものをデッサンします。ひたすらカルチャーの中にどっぷりと浸かる。創造のヒントを求めて街へ出る。若者たちがどんなことをしているかを見てきて、それを最新ファッションに取り入れる。そのファッションが巡り巡ってストリートに浸透していく。それができるのも、ブルックリンだからこそです」

　街で繰り広げられるストリート・ライフを吸収したいなら、そこでなにが起こってもすぐに察知できるように、普段から気をつけていなければならない。つまり、昔ながらのやり方になるが、携帯電話はいじらず、常に自分の周囲にアンテナを高く張っておく。ノミアというブランドを率いるニューヨーク生まれのヤラ・フリンは、自宅のあるウィリアムズバーグ近辺から地下鉄に乗ると、電車の中では、ずっと周囲を注意深く観察している。「どんなものでも創造のヒントになりうるの」と、彼女は言う。「みんながどんな格好をしているかをいつもチェックしているわ。そんなところまでと思うようなものまで。たとえば、敬虔なユダヤ教徒の女性が着ている服とかね。そういうものに目がいったりするの」

　ミドルスクールに通っていた時期、フリンは、父の住まいがあるグリニッジヴィレッジのウエスト・フォース・ストリート駅をよく使っていた。地下鉄をあがって6番街に出ると、そこにケージと呼ばれている伝説のストリート・バスケットのコートがある。規定のコートよりは狭いものの、ケージは、白熱する生の試合を間近で見られる場所として、年間を通して大勢の見物客が集まる観光スポットになっている。

　フリンも当時、立ち止まってよく試合を見ていたらしい。ちなみに、当の本人は現在身長が180cm以上あり、バスケもする。「わたしが思う『かっこいい』の原型があれだった」と、彼女は言う。「それと、電車に乗っている若者たちはみんなかっこよかったわよ。あの頃はインターネットなんかなかった。だから、相手をじっくり観察して、そのスタイルを取り入れたり、まねしたりするしかなかったの。でも、どこでヒントが見つかるかわからないでしょ。だから、情報源を探すためにはうろつきまわるしかなかったのよ」

黄昏どきにウィリアムズバーグ・ブリッジにたたずむヤラ・フリン。軍用のフィッシュテール・パーカー（訳注：後ろの裾が先割れになっているフードつきコート。モッズ・コート）をもとにみずからデザインしたノミアのパーカーに、A.P.Cのジーンズ。スニーカーはMM6。

ジル・サンダーのジャンプスーツを着ているロングボード・スケーターのナタリー・ヘリング。

　ハイスクールに通っていた時代に、フリンは、ゴシック、グランジ、ヒップホップ、プレッピーと、さまざまなファッションに挑戦した。「あの頃は、どうすれば自分を表現できるか、どんな格好をすればそれぞれのカルチャーに合った服装になるか、っていうことばかりに興味があったの」と、フリンは言う。「それから、へんてこな商品が並ぶ古着屋巡りをしていた時期もあった。その頃は、ありとあらゆる古着を着まくってたわ。個性的に見えることがなにより大切だったの」

　フリンは、掘り出し物を探しに、その頃あちこちに店舗を増やしていたストリート・ファッションのアウトレット店、カナル・ジーンに足を運んでいた。2003年に閉店するまでソーホーのブロードウェイの南側に店舗があったカナル・ジーンは、ヴィンテージもの、軍の払い下げ品、ウィッグ、ビニール製の服、チェックのシャツ、下着、ジーンズなど、端物の商品を販売する会社で、店内の木製の床は歩くとぎしぎし鳴った。店の外にいくつも置かれていた、セール品の箱は、個性的なファッションを求める者にとって、宝の山。そんなふうに粗削りだったかつてのニューヨークが、今のような洗練された都会の遊び場へと生まれ変わった様子は、たとえて言うなら、19世紀に建てられた約100平米の鋳鉄の建物がブルーミングデールズに様変わりした感じだろうか。

　21世紀を迎える前のニューヨークのファッション・リーダーはもっと挑戦的だった。80歳を超えて今なお現役のストリート・フォトグラファー、ビル・カニンガムは、その一部始終を目撃してきた。「たしかに、おしゃれな人は増えたよ」と、カニンガムは現代のファッションについて語る。「でも、あえて独創的なファッションをしようとはしていない」。カニンガムが担当する「ニューヨーク・タイムズ」のファッション・コラムは、ある意味で生きている歴史を伝える教科書である。ただ、カニンガムがレンズを通して見ているのはマンハッタンだ。

ストリートを愛する＊201

> ファッション・ショーの最高の舞台は、
> まちがいなくストリートだ。
> いつだってそうだったし、
> これからもずっとそうだろう

— **Bill Cunningham**, street photographer
ビル・カニンガム　ストリート・フォトグラファー

　もしカニンガムが自転車で橋を渡りブルックリンまで来たら、どんなふうに感じただろう？　フラットブッシュで育ったソウル＆ダイナスティ・オグン姉妹を見て大喜びしたはずだ。この姉妹はいつも、自分たちが立ち上げたライフスタイル・ブランド、ランシャンテールの服を着ている。ダイナスティのかぶっているつばの長い帽子も、重ねづけした指輪も、ソウルがつけている長く垂れるネックレスも全部そう。ふたりの服装の傾向は、ベストや蝶ネクタイを取り入れたり、オックスフォード・シューズに思いもかけないアイテム、たとえば、シェイクスピアの芝居に出てくるようなバルーン・パンツを合わせたりと、どんどん中性的になってきている。

　オグン姉妹の父親はナイジェリア人、母親は西インド諸島のドミニカ共和国の出身だ。ミドルスクールに入学するにあたり、母親は娘たちをブルックリンの反対側にあるサンセットパークと呼ばれる地区の学校に通わせた。その学校では、ユダヤ系やアジア系、ヒスパニック系の子どもたちが一緒に学んでいた。そこで姉妹は、正統派ユダヤ教徒の黒ずくめの服や、アジア人女性が着る白のトップスにグレーのパンツというスタイルを初めて目にした。

　「わたしたちが知らなかったブルックリンの姿だった」と、ダイナスティは言う。「でも、たしかにあそこにはそれがあったの。あんなにもたくさんのコミュニティや、思想や、生活習慣があることを、わたしたちは身をもって体験した。その経験がわたしたちのデザインに表れているの」

　ソウルもダイナスティも自分のスタイルに確たるコンセプトがある。ダイナスティは自分の作品について、「硬質なイメージ」があるものから発想を得ていると語る。彼女のラインには、パーカーとか迷彩柄のカーゴ・パンツとかカジュアルなアイテムが多い。そこに、あえて繊細なチェーン・ステッチを施すのが彼女流。「父の祖国アフリカで受け継がれている刺繍の文化を見直したいと思った。その伝統的なデザインを、コンクリート・ジャングルをイメージさせるアイテムに取り入れたかったの」と、彼女は言う。「だから、手は込んでいるのよ。でも、あくまでカジュアル路線は守ってる。そこが特徴ね。よくよく見れば、とても凝っているんだけど、クルーネックのトップスの迷彩柄の上だからね」

ベッドスタイの茶色の石の階段に座っているのは、ブティック、シンシアリー・トミーのオーナーで、ブルックリン育ちのカイ・アヴェント=デレオン。アディダスのシェルトゥ（訳注：靴のつま先部分が貝殻模様になっているもの）のスニーカーはストリート・ファッションの王道。シンシアリー・トミーのアルパカ素材の青のコートに、レイチェル・コーミーのパンツ。ラウテムのバッグ。バイドリーのブレスレット。ソレイユのイヤリング。

子ども時代を過ごしたフラットブッシュを訪れたランシャンテールのデザイナー、ダイナスティ（左）&ソウル・オグン姉妹。パンツもトレーナーもアクセサリーも、ダイナスティがかぶっているつばの長いキャップもすべて姉妹のデザイン。ソウルが羽織っている黒のトレンチコートはハーレムにあるダッパー・ダンのもの。

ダンサーのエル・アードマンが着ているのは、ストリートウェア・ブランド、X-GIRLのTシャツ。デザイナーはロックバンド、ソニック・ユースのキム・ゴードンで、アードマンの叔母にあたる。

　宝石デザイナーのソウルは「太陽の魂の振り子」と名づけたネックレスを作っている。真鍮製のペンダントで、円形か四角形を基本にしている。「女性らしさと男性らしさを合体させているの」と、彼女は言う。「この作品は形而上学的な意味合いを含んでる。そこには大宇宙と小宇宙があるのよ」

　オグン姉妹はストリート・スタイルの上級者で、自分たちが語る言葉をユニークな方法で表現している。ふたりのスタイルはかなり個性的で、それを着る人がストリート・カルチャーに身を置いて初めて成立する。型破りにも前衛的にも見えるし、生まれ育った環境からスポーツ、科学、音楽、芸術に至るまでさまざまなものから影響を受けている。文化や集団の象徴とも言えるし、そういうアイデンティティを一切排除しているとも言える。好きか嫌いかは別にして、街を歩いていて、そういうファッションを見られるのは嬉しいかぎりだ。

　ブルックリンの現代のストリート・ファッションを見ると、女性たちが自然体でいることを楽しんでいるのがわかる。そのスタイルの幅はどこまでも広がっている。そういうスピリットを見習いたいなら、自分が伝えたいことはなにかを探り、それを服装でどう表現するかを考えることが大切。こうすればあなたもブルックリン・スタイルになれるとは誰も言えないが、この本を通して、自分らしさを見つけるコツは伝授できたのではないだろうか。

クリントンヒルの自宅の外にいるミカリーン・トーマス。シアサッカー地に、カモフラージュ柄のトリミングを施したコム デ ギャルソンのシャツにジュンヤ ワタナベのトラック・パンツ。靴はジバンシー。

Q&A

アーティスト、ミカリーン・トーマスへの一問一答。

　ミカリーン・トーマスはアーティストならではの目で自分の服装を考える。流行を追いかけるタイプではない。トーマスは、自分がもっとも影響を受けているのは母親だと認識している。母親のサンドラ「ママ」ブッシュは、180cmを超える長身で、70年代にはモデルとして活躍していた。しかし、トーマスの独自のファッション・センスは、生まれ育ったニュージャージー州のカムデンを17歳のときに離れ、オレゴン州のポートランドに移った頃から磨かれていった。現在、クリントンヒルに住んでいる彼女のクローゼットには、自分自身で集めた芸術作品のようなすばらしい服の数々が並んでいる。

あなたのスタイルに影響を与えているものは何ですか?

　わたしの母は本当におしゃれでセンスも抜群だった。母の影響は大きいわね。でも、ニュージャージーの故郷からも、やっぱり影響を受けているわ。わたしは、スタイルがすべてみたいな時代に育った。ヒップホップ全盛の時代ね。わたしはB-GIRLじゃなかったけど。中学、高校時代は、ザ・キュアーとかザ・デッド・ミルクメンとか、ロックバンドに夢中だった。ばりばりのゴス・ファッションでね、髪もパンクスみたいに色を染めてつんつんに立ててたの。セックス・ピストルズとかそのあたりが好きだった。家族は、わたしがおかしくなったって思ってたんじゃないかしら。特に、わたしがザ・デッド・ミルクメンの曲なんか演奏してるとね。

　故郷を離れオレゴン州ポートランドに移って、初めて自分らしいスタイルを見つけたの。今は着ていて気分がいい服が好きね。日常的に楽に着られて、しかも、きらりとセンスが光るスタイル。ポール・ハーデンの感性が合うの。イギリスっぽい感じ、ほら、1940年代ぐらいの。

　思えば、わたしはいつも雑誌を見ながらスタイルを考えていたわ。アーティストになってからも、それがいつも心の奥にあった。でも、当時は金銭的に余裕がなくてね。せいぜい、リサイクル・ショップか救世軍（訳注：プロテスタントの国際的な軍隊式福音伝道団体）のバザーに足を運んで、古着を買ってきて、いろいろ合わせたり重ねたりして、雑誌で見たスタイルを自分なりに再現していたくらい。みんなはセンスがいいってほめてくれたけど、そういう意識はまったくなかった。着ていて気持ちがいいと思えるものを着ていたの。実際に着てみた感じのことよ。もししっくりこなかったら、とても着てられないわ。母はいつもこう言ってた。自分が心地いいと思える服を着なきゃだめ。人から着なさいと言われた服じゃなくて。

ストリートを愛する＊209

好きなデザイナーは誰ですか？

　高級ブランドに興味をもったのはコム デ ギャルソンとの出会いがきっかけだった。友人のダン・マッコールも好きよ。ポートランドで活躍するファッション・デザイナーで、アーティストでもあるの。彼がわたしに川久保玲を教えてくれた。当時、わたしも彼もああいう着こなしにあこがれてたの。

高い買い物をするときに、心がけていることはなにですか？

　わたしの作品を収集している人は、死ぬまで、できれば、子どもや孫の代まで大切にしたいと思って作品を買ってくれていると信じたい。買うだけ買って、どこかにやってしまうようなことはしてほしくないの。わたしの場合、ブランドものを買うときは、サステナビリティを考えて品質を確認するわ。リック・オウエンスでも、コム デ ギャルソンでも、ポール・ハーデンでも、名前も聞いたことがないデザイナーでもわたしが着目するところは同じ。服はたくさんはいらないの。わたしはクローゼットに思い入れのあるものを揃えるようにしているわ。シャツひとつ見ても、『そうだ、あのシャツはたしか……、1997年に買ったのよね。覚えているわ。あれを引っ張り出してみようかな』って思えるかどうかがすごく大事なの」

レイヤードルックのコツを教えてください。

　レイヤードはセンスのよさが問われるわね。自分の絵にいろいろなものを貼り合わせるコラージュの技法に似ていると思う。質感とか色とか印象とかを考えないと。それで、シンプルにまとめながら、なにかしら光るものがないとね。今日のわたしのコーディネートは、メゾン・マルタン・マルジェラの薄手のコットン・シャツに、ウエストを紐で縛るタイプのリック・オウエンスのウールのパンツ。レッグウォーマーをして、コム デ ギャルソンのウールのセーターを腰に巻いてる。上に羽織っているヴィンテージの黒のペインターズ・ジャケットは、パリで買ったものよ。

　今朝は目が覚めて、まずお天気を見て、それから今の気分と1日のスケジュールを考えたの。その日の予定に合わせてコーディネートするわけ。今日は仕事があるけど、夜は出かけることになっている。だったら、1着で2通りの着方ができないかと考えるわけ。

ブルックリンはあなたに刺激を与えてくれますか？

　ブルックリン・スタイルには、いろいろな文化や民族性が入り混じっている。おもしろいのは、場所ごとにタイプのちがう人たちが集まっているところ。たとえば、ウィリアムズバーグ・スタイルとか、パークスロープ・スタイルとか、フォートグリーン・スタイルとか。でも、わたしがブルックリンに感じるのは、人種や文化にとらわれない自由奔放な雰囲気。10年ほど前は、旅先でブルックリンから来たといったら、「じゃあ、銃を持ってるの？」なんて訊かれたのよ。今でこそ、「ブルックリン」という言葉にみんながあこがれるようになったけど。「ブルックリン」はもはや単なる地名じゃない。スタイルを表す言葉になったの。

Sneakers
スニーカー

ブルックリンっ子のスニーカー好きは、1970年代のニューヨークのストリート・ファッションに始まった。ブルックリンの女性たちの足元には、今もその伝統が受け継がれている。

スニーカー信仰の起源は、40年ほど前のニューヨーク市まで遡る。その頃、北はハーレムから南はブルックリン一帯で、人知れず始まっていたスニーカー・ブームに本格的に火がついた。スニーカー・マニア第一世代は、キックス（訳注：ハイカットのバッシュー）に夢中で、ブランドやモデル、限定版などに目の色を変えていた。その頃のスニーカーは、どちらかと言えば、ヒップホップやパンク、スケートボード、バスケットボール、グラフィティ・アートなど、都会のカルチャーと密接に結びついていた。究極の一足を見つけることで、自分のアイデンティティを主張していたのだ。「こうしたスニーカー・マニアの集団が、スニーカー産業はもとより、音楽業界や、ファッション界、ヴィンテージ市場、はては世界の消費市場の活性化に貢献した」と書いているのは、『Where'd You Get Those?（それ、どこで手に入れたの？）』の著者、ボビート・ガルシアだ。

スニーカー文化の勢いは80年代以降衰えることを知らなかったが、それが男性の間に限られたものだったことは否めない。ボストン生まれのバスケット・コーチで、さらに、スニーカー・マニアを自認するロリ・ローベンスタインは、2011年に『Girls got Kicks（ガールズ・ゴット・キックス）』という本を出版し一躍注目を集めた。女性や女性が履くスニーカー、女性のファッションをテーマにしたその本には、女性のスニーカー愛も若い男性たちに負けていないことが書かれていた。

スニーカー・マニアで知られるエリカ・ルビンスタイン所有の、ジェレミー・スコットがデザインしたアディダスのビッグ・トングのオリジナル。これを見たときの彼女の反応は「すごい！ これ、どうしてもほしい！」

女性のスニーカー・マニアは以前から確実に存在していた。ただ、女性は男性ほど見境のないはまり方はしなかっただけで。

　ブルックリン生まれのエリカ・ルビンスタインは、アーティストでもあり、グラフィック・デザイナーでもある。現在はパークスロープに住んでいるが、彼女のスニーカー収集歴は15年にも及び、最近数えたところでは実に66足も所有している。彼女のコレクションには、2003年にアディダスから発売されたジェイソン・ミゼル　ウルトラスターも含まれている。クイーンズ地区のスタジオで射殺されたヒップ・ホップ・グループ、Run-D.M.C.のDJジャム・マスター・ジェイ（ジェイソン・ミゼルの愛称）を称えて作られた記念モデルだ。ルビンスタインは、パリのセレクトショップ、コレットで、アディダスのマテリアルズ・オブ・ザ・ワールド・シリーズのジャパン・モデルも手に入れている。ハイカットで、日本製のデニムの端切れと着物の柄をプリントした赤の絹地で作られているレアものだ。また、ロサンジェルスでは、プーマのメカ・キングのシルバー・タイプを、しかも自分のサイズで見つけていた。

「最初のうちは、ここで一足、あそこで一足って感じだったのよ」と、ルビンスタインは言う。「それが今では、一度に何足も買っちゃうの。スニーカーは、わたしが好きなカルチャーの一部だった。単なる靴じゃなかったの。ただのファッション・アイテムじゃなかったのよ」。ルビンスタインはストリート・アートやヒップホップをこよなく愛している。これまでに、ベルリン、パリ、レイキャヴィークなど世界中を回り、訪れた街でストリート・アートを見つけては、カメラにおさめている。どこに行っても、注目されるのは彼女のスニーカーだ。

　ファッション性もそれなりに大事にしているが、ルビンスタインがスニーカーにこだわるのは、ストリート・ライフを愛するからこそで、ブランド好きなわけではない。現に、シャネルやディオールのような高級ブランドのスニーカーにはほとんど興味を示さない。イザベル・マランのインヒール・タイプのハイカット・スニーカーについては、こんな意見を述べている。「たしかに、あれもありだと思うわ。でも、わたしの趣味じゃないかな……。わたしは、かかとがフラットな定番のタイプが好きなの。アディダスのシェルトゥがわたしのお気に入り。シンプルで、足にぴったりフィットするから。ドレスアップしたときでも、履けるし」

　スニーカー愛に目覚めたばかりのファッション・マニアにとって、自分がどのような道のりを経てここにたどり着いたかを知るのはよいことだ。スニーカーを履くことは、ニューヨークのストリートが育んだ伝統を共有し、それを自分の暮らす街の通りに浸透させていることになる。

（左上から時計回りに）
キッド・ロボットのパーカーにジー・スター・ロウのジーンズといういでたちのエリカ・ルビンスタイン。スニーカーは、ナイキのSBダンク・ハイ「デ・ラ・ソウル」。

ルビンスタインのコレクションより。黒地にゴールドのスタッズがついた、ナイキのヴァンダル・ハイ・ロックンロール。シルバーのスニーカーは、プーマのメカ・キングのハイカット。アディダスのマテリアルズ・オブ・ザ・ワールドのジャパン・モデル。マンハッタンのダウンタウンの店で買ったエーライフのシューズ。

アパートの階段の下に置かれた靴箱に天井から床までびっしり並んだルビンスタインの見事なスニーカー・コレクション。

マーク・マクナイリーがデザインしたアディダスのモンテ・カルロ・ミッド84・ラブ。片方の足首部分には100＄、もう片方にはBILLと書かれている。JMJ（ジャム・マスター・ジェイ）のウルトラスターの収益は、J・M・Jが教えていたニューヨークのスクラッチ・DJ・アカデミーに送られた。

STYLE KNOWS NO AGE

ファッションに年齢は関係ない

あとがき
Postscript

おもしろいことに、歳を取ると、なにをしてもみんなが感心する。「とても57歳には見えないわ！」とか、「あの人89歳なのに、万里の長城に行ったんですって！」とか。アメリカ人の女性は歳を取ることをよしとしない。白髪やしわがなんとかきれいに消えないかと悪戦苦闘する。

　議論する余地もない。歳を取るのは嫌なものだ。やる気をなくさず、若い頃と同じように楽になんでもこなせる状態でいるためには、体のメンテナンスが必要になってくる。しかし、年配の女性たちの中には、自分を年寄りだと思っていない人も大勢いる。100歳を超えるシルヴィア・ペレルソン（この本を書いているアーニャのおばあちゃん）は、ブルックリンのブラウンズヴィルで生まれた。以前はよく鏡のそばを通りがかると自分の姿を見て、「あれはどこのおばあさんかしら？」と驚いていたという。そんな彼女の90歳になってからのいでたちは、ルイ・ヴィトンの黒のレザー・パンツに、カシミアのVネックのセーター。腕にはシルバーのバングルタイプのブレスレットを重ねづけし、家を出るときは必ず鮮やかな赤の口紅をつける。

　最近、実年齢と「実感年齢」の間にギャップがあることがわかってきた。ピュー研究所（訳注：ワシントンDCを拠点にアメリカ合衆国や世界の人々の問題意識などを調査するシンクタンク）の年齢に関する調査結果によれば、50歳以上の人は自分のことを少なくとも10歳は若いと感じているという。65歳から70歳について言えば、その3分の1が自分のことを10歳から19歳、実年齢より若いと考えている。

レザー・パンツほど 着ていて温かいものはないわ

―Sylvia Perelson, centenarian
シルヴィア・ペレルソン　100歳を超えた女性

　写真家でブロガーのアリ・セス・コーエンは、『Advanced Style』（著書・ブログ・映画はいずれも同じタイトル、日本語版著書タイトルは『Advanced Style ―ニューヨークで見つけた上級者のおしゃれスナップ』、日本語版映画タイトルは「アドバンスト・スタイル　そのファッションが、人生」）の中で、生きる喜びをテーマにしている。彼は、「街を歩き、自分のミューズ、つまり、歳を取るという概念に挑戦している60代以上の女性たちを探している。そういう女性たちは自分の年齢に抵抗することなく、今の自分を気に入っている。それで、出かけるときには、自分が一番すてきに見える服装で家を出るのだ」と、書いている。イロナ・ロイス・スミスキンは、93歳になってもボリューム感のあるつけまつげがよく似合う。明るいオレンジの髪をかっこよくスタイリングして、立派なパンクロックのできあがり。チッポラ・サラモンは62歳だが、帽子、ブレスレット、色、テクスチャーなどをうまくコーディネートして、立体的なファッションを作り上げ、颯爽と街なかを自転車で走り回る。ランバンは2012年秋のキャンペーンでサラモンをモデルに起用した。「『Advanced Style』に登場する女性たちは刺激的で、さまざまな経験と知恵にあふれている。彼女たちの姿に自分の将来を重ねるわ」バーレスク女優のディタ・フォン・ティースは映画の中でそう語っている。

　結局のところ、『Advanced Style』のテーマは、ブルックリン・スタイルにも通じている。歳を重ねた美しい女性たちは自分なりのこだわりをもっていて、流行を追わない。彼女たちは「人生」という場面にふさわしい服装をする。自分がどういう人間かがわかっていて、そんな自分の姿に満足している。なによりも印象的なことは、彼女たちが楽しんでいることだ。数年もここに住んでいると、女性はみんなおしゃれを楽しむようになる。そういう姿勢が、年齢に関係なくおしゃれでいられる秘訣であるともいえる。そんな女性たちが暮らす場所がブルックリンなのだ。

クイーンズ区ロッカウェーの自宅にいるシルヴィア・ペレルソン。身に着けているのは彼女のお気に入りアイテムばかり。

Brooklyn Guide
ブルックリン・シティ ガイド

ブルックリンは、食べたり飲んだり買い物したり、なにをするのも最高に楽しい場所。ここからはブルックリンでおすすめの場所を紹介します（本文に登場した女性たちのお気に入りスポットも含めて）。おしゃれにきめたら、お出かけにぴったりなスポットを知りたくなるのが当然。

ウィリアムズバーグ
Williamsburg

19世紀半ばのウィリアムズバーグは、鉄道業や砂糖産業の有力者の邸宅が川岸に立ち並び、会員制のクラブが集まるリッチなスポットだったと聞いても驚きはしないだろう。今でもイデス・バーからの美しい夕焼けを眺めていると、街全体に勢いのようなものを感じる。しかし、現在の活気が戻ってくるまでに、この街は脱工業化の煽りを受け、衰退と荒廃の長い時代を過ごしてきた。そして、ウィリアムズバーグが経験してきた光と影は、エリアによって今でも感じることができる。サウスサイド・エリアは、古くから敬虔なユダヤ教徒やヒスパニック系の人々が多い地区で、小さなデザイナーズ・ブティックや高級レストランが増えている。かたや、ノースサイドのにぎやかなベッドフォード・アヴェニューには、カフェや小さなショップがひしめきあっている。ウィリアムズバーグは奥が深く、さまざまな顔をもっている。数ドルでとびきりおいしいタコスにもありつくこともできるし、大枚はたいてヴィンテージの掘り出し物を手に入れることだってできるのだ。

アルター
ALTER
ウィメンズ／メンズ／靴

アルターの店内はおしゃれでお手頃価格の商品（チープ・マンデー、キル・シティ、ミンクピンクなどのブランド）ばかり。お目当ての品が見つかることまちがいなし（グリーンポイント店のほうが広い）。
407 Graham Ave.
(Jackson and Withers Sts.)
☎ 718-609-0203
HP alterbrooklyn.com

アマルコルド・ヴィンテージ・ファッション
AMARCORD VINTAGE FASHION
ヴィンテージ

アマルコルド（イタリア語で「わたしは覚えている」という意味）には、一流ブランドから無名のブランドまで、ありとあらゆる商品が揃っている。すべてヴィンテージ品。質がよく、そのわりに値段はおさえめ。とはいえ、20ドル以下で探すのは難しいかも。
223 Bedford Ave.
(N. 4th and N. 5th Sts.)
☎ 718-963-4001
HP amarcordvintagefashion.com

アントワネット
ANTOINETTE
ヴィンテージ

70年代、80年代、90年代のワクワクするような掘り出し物が手頃な値段で手に入る、魅力たっぷりのヴィンテージ・ブティック。
119 Grand St.
(Berry St. and Wythe Ave.)
☎ 718-387-8664
HP antoinettebrooklyn.com

アーティスト＆フリー
ARTISTS & FLEAS
雑貨／ウィメンズ／メンズ／ホーム雑貨／フード

年間を通じて週末だけオープンするフリーマーケット。倉庫のフロアは、20店舗以上の露店が並び、一味ちがったおもしろアイテムであふれかえっている。陶芸作家の作品からヴィンテージのアイウェア、10本の指に入れられたタトゥーに見える手袋など掘り出し物がいっぱい。
70 N. 7th St.
(Wythe and Kent Aves.)
☎ 917-488-4203
HP artistsandfleas.com

バケリ
BAKERI
フード／ベーカリー

こぢんまりした空間で、おいしいパステリーやサンドイッチ、ストロング・コーヒーがほしくなったらぜひ立ち寄りたい店（グリーンポイントの2号店もおすすめ）。
150 Wythe Ave.
(N. 7th and N. 8th Sts.)
☎ 718-388-8037
HP bakeribrooklyn.com

バード
BIRD
ウィメンズ／メンズ／アクセサリー

バードの店内は、ジャンルを問わず高級感のあるものであふれている。ふんわりしたワンピースからベスト、ジャンプスーツ、ざっくり編みのセーター、カラフルなプリント柄、クロッグ・ブーツ、アーティスティックなアクセサリーまでなんでもありで、目移りしそう。イザベル・マラン、レイチェル・コーミー、ゼロ＋マリア・コルネホ、ツモリチサト、パメラ・ラブなど数多くのデザイナーの商品がずらりと並んでいる。オーナーのジェニファー・マンキンスはブルックリン・ファッションのキュレーターと呼ばれている人物だけに、商品のディスプレイも凝っている。当然ながらお値段も高級だが、ここまで美しい商品を見せられると、なにも買わずに店を出るのは難しい。
203 Grand St.
(Driggs and Bedford Aves.)
☎ 718-388-1655
HP shopbird.com

ブルックリン・アート・ライブラリー
BROOKLYN ART LIBRARY
ライブラリー／画材道具

世界中の人が作ったアートブックを集めるスケッチブック・プロジェクトの拠点。数千冊にも及ぶアートブックのコレクションは、きっとインスピレーションを与えてくれるはず。画材道具やまっさらのスケッチブックを買うこともできる。それで自分のアートブックを制作して、プロジェクトに参加してみるのもよし。
103A N. 3rd St.
(Berry St. and Wythe Ave.)
☎ 718-388-7941
🌐 sketchbookproject.com

ブルックリン・ボウル
BROOKLYN BOWL
ボウリング／音楽／フード／お酒

1950年代に逆戻りしたわけじゃない。ここは超モダンな16レーンのボウリング場兼ライヴ・スペース。環境配慮型建築物としてLEED認証も受けている。フードを料理しているのは、ソーホーにあるアメリカン・レストラン、ブルー・リボンのシェフたち。ここのフライドチキンは絶品で、それを目当てに来るファンもいるほど。
61 Wythe Ave.
(N. 11th and N. 12th Sts.)
☎ 718-963-3369
🌐 brooklynbowl.com

ブルックリン・ブルワリー
BROOKLYN BREWERY
見学／お酒

ブルックリン区で有名なクラフトビール醸造所（1988年に製造開始）。月曜から木曜までは、予約制、少人数単位で工場見学ツアーに参加できる（料金はたった10ドル）。週末は無料ツアーが可能（先着順）。ビールの試飲ができるのもうれしい。
79 N. 11th St.
(Berry St. and Wythe Ave.)
☎ 718-486-7422
🌐 brooklynbrewery.com

ブルックリン・デニム・コー
BROOKLYN DENIM CO.
ウィメンズ／メンズ／デニム

ブルックリン・デニム・コーの品揃えはハイ・プライスのデニム（リーバイスのクラシック・モデルや、テラソン、キル・シティなど知る人ぞ知る人気ブランドのもの）。安心、ぴったりの1本を見つけることができるはず。その場でお直しを頼めるのもうれしいサービス。価格は100ドルから、高くて200ドルぐらいまで。
85 N. 3rd St. (Wythe Ave.)
☎ 718-782-2600
🌐 brooklyndenimco.com

ブルックリン・フォックス・ランジェリー
BROOKLYN FOX LINGERIE
ランジェリー

とびきり上質でセクシーな（かといって、下品じゃない）ランジェリーを見つけられる店。どんな体型にも合うように、サイズ展開もAAカップからGカップまで揃っている。そんな美しい下着にぴったりの服を見つけたいなら、角を曲がったすぐ隣にある系列店を覗いてみるといい。
132 N. 5th St.
(Bedford Ave. and Berry St.)
☎ 718-599-1555
🌐 brooklynfoxlingerie.com

Brooklyn Fox
200 Bedford Ave.(N. 6th St.)
☎ 718-388-7010
🌐 brooklynfox.com

カフェ・コレット
CAFÉ COLETE
フード／カフェ

食事もお酒のメニューも充実しているカフェ・コレットは、こぢんまりとした小粋なビストロで、奥にはかわいらしい裏庭もある。使っているのは地元でとれた最高の食材。店内の装飾は都会的でありながらラスティックで、ブルックリンのよさがすべて詰まっている。
79 Berry St. (N. 9th St.)
☎ 347-599-1381
🌐 cafe-colette.com

キャットバード
CATBIRD
アクセサリー

かわいいアクセサリーショップ、キャットバードには、ゴールドやスターリング・シルバーの重ねづけできるリングやナックル・リング、宝石をあしらった繊細なネックレスなど、ほしくてたまらなくなるものばかり。小さなスカルのついたリングやゴールドとダイヤモンドでできたクモの巣型のイヤリング、キトン・ミトンという手にづけるドレープ・チェーンなど、エッジのきいたアイテムもいろいろ。最近すぐ近くにウエディング専門の別館（事前予約が必要）がオープン。結婚を控えたカップルの来店を待っている。
219 Bedford Ave.
(N. 4th and N. 5th Sts.)
☎ 718-599-3457
🌐 catbirdnyc.com

チナントラ
CHINANTLA
フード

メキシコ風居酒屋の裏手にあるタコス屋、チナントラは決して期待を裏切らない。常連にはみなお目当てのメニューがある。だから、お気に入りを見つけるまで、とりあえず通ってみよう。
657 Myrtle Ave.
(Skillman St. and Franklin Ave.)
☎ 718-222-1719
🌐 chinantlarestaurant.com

コートショップ
COURTSHOP
デニム

ハイウエストのロッカー風スキニー・パンツで評判のコートショップは、他のタイプのデニムや、デニムに合うデザインの服もたくさん取り揃えている。
218 Bedford Ave.
(N. 4th and N. 5th Sts.)
☎ 718-388-5880
🌐 courtshop.com

ダディーズ・バー
DADDY'S BAR
お酒

暖かな暖炉と座り心地のよいボックス席を求めて人が集まる、地元で人気のバー。
437 Graham Ave.
(Frost and Richardson Sts.)
☎ 718-609-6388
🌐 daddysbarbrooklyn.com

Blogs of the City
おすすめブログ

ブルックリン・スタイルとニューヨークシティ・スタイル満載の、
あなたをおしゃれにしてくれる必須サイト

Backyard Bill　backyardbill.com
ブロガー：フォトグラファーのウィリアム・ジェントル

De Lune　deluneblog.com
ブロガー：クレア・ガイスト

Eat.Sleep.Wear　eatsleepwear.com
ブロガー：グラフィック・デザイナーのキンバリー・ペシュ

The Fashion Philosophy
thefashionphilosophy.com
ブロガー：ワードローブ・スタイリストのエリカ・ラヴラネ

The Glamourai　theglamourai.com
ブロガー：スタイリストのケリー・フラメル

Into the Gloss　intothegloss.com
ブロガー：エミリー・ウェイス

Jag Lever　jaglever.com
ブロガー：レイチェル・マリー・イヴァナシアン

Just Another Me　just-another.me
ブロガー：リサ・デングラー

Keiko Lynn　keikolynn.com
ブロガー：ケイコ・リン

Man Repeller　manrepeller.com
ブロガー：レアンドラ・メディーン

Natalie Off Duty　natalieoffduty.com
ブロガー：モデルのナタリー・スアレズ

Nicolette Mason　nicolettemason.com
ブロガー：クリエイティブ・コンサルタント兼
コントリビューティング・エディターのマリ・クレールと
ニコレット・メイソン

Refinery29　refinery29.com
編集長：クリスティン・バーベリッチ

The Sartorialist　thesartorialist.com
ブロガー：フォトグラファーのスコット・シューマン

StyleLikeU　stylelikeu.com
創設者：リーサ・グッドカインドとリリー・マンデルバウム母娘

Tales of Endearment
talesofendearment.com
ブロガー：芸能事務所・コンサルタントのナタリー・ジュース

Who Is Apneet　whoisapneet.com
ブロガー：アプニート・コー

ダイナー
DINER
フード
ウィリアムズバーグのマーロウ＆サンズを参照。
85 Broadway (Berry St.)
☎ 718-486-3077
🌐 dinernyc.com

ダーティ・ハンズ・ジュエリー
DIRTY HANDS JEWELRY
アクセサリー
シグネット・リングや民族衣装風のカフス、ロザリオ・チェーンなど、男女兼用で使える粗削りで大ぶりのアクセサリーが揃っている。店の商品はすべてアルゼンチン生まれのデザイナー、エンリケ・メスアンの手作り。おなじみのモチーフ（スカル、スパイク、ドッグタグ）は、熟練の職人によって作られたものだとすぐわかる。
296 Bedford Ave. (S. 1st St.)
☎ 718-599-0375
🌐 dirtyhandsjewelry.com

エレクトリック・ネスト
ELECTRIC NEST
ウィメンズ
そこまでこだわりはないが大胆なファッションが好きな人に人気。「Girls／ガールズ」の登場人物ジェッサのテイストをイメージさせるライン。
60 Broadway
(Berry St. and Wythe Ave.)
☎ 347-227-7023
🌐 electricnest.info

フォルトゥナート・ブラザーズ
FORTUNATO BROTHERS
フード／ベーカリー
イタリア伝統のペストリーやジェラートが専門のベーカリー。
289 Manhattan Ave. (Devoe St.)
☎ 718-387-2281
🌐 fortunatobrothers.com

フエゴ718
FUEGO718
ホーム雑貨
カラフルでチャーミング、おもしろいものがいっぱいのショップ。店内には、メキシコ、ペルー、カンボジア、ネパールなど、さまざまな国から集めたグッズがところ狭しと並んでいる。タペストリーからノートまでありとあらゆるものが揃っている店。

249 Grand St.
(Roebling St. and Driggs Ave.)
TEL 718-302-2913
HP fuego718.com

ゲット・アップ・アンド・ライド
GET UP AND RIDE
自転車ツアー

少人数のグループで自転車に乗ってブルックリンを探索するツアー。事前に予約が必要。
135 N. 11th St.
(Bedford Ave. and Berry St.)
TEL 646-801-2453
HP getupandride.com

エッシュ
ESH
フード／ドリンク

ウィリアムズバーグのスペース・ナインティ・エイトを参照。
98 N. 6th St., 3rd Fl.
(Berry St. and Wythe Ave.)
TEL 718-387-0195
HP eshbrooklyn.com

ホテル・デルマノ
HOTEL DELMANNO
お酒

古き良き時代を思わせるとびきりおしゃれなバー。季節ごとのカクテルメニューも充実（自家製のシロップやビターズ、シュラブを入れるのが特徴）。おつまみに、生のシーフードやちょっとしたプレートも楽しめる。
82 Berry St.
(Enter on N. 9th St.)
TEL 718-387-1945
HP hoteldelmano.com

ザ・イデス
THE IDES
お酒

ウィリアムズバーグのマーロウ＆サンズを参照。
Wythe Hotel, 80 Wythe Ave.,
6th Fl. (N. 11th St.)
TEL 718-460-8006
HP wythehotel.com/the-ides

イン・ゴッド・ウィ・トラスト
IN GOD WE TRUST
ウィメンズ／メンズ／アクセサリー

ニューヨーク市内でチェーン展開していて、アメリカでデザインされたものを専門に扱っている。主な商品は、ベーシックなウィメンズ、メンズ、アクセサリー、ギフト用品など。
129 Bedford Ave.
(N. 9th and N. 10th Sts.)
TEL 718-384-0700
HP ingodwetrustnyc.com

ジョイナリー
JOINERY
ウィメンズ／メンズ／ホーム雑貨

ブラジル製の手織りのラグや豚毛の家庭用掃除ブラシなど、はやりすたりないシンプルで素朴なアイテムが中心。
263 S. 1st St.
(Marcy Ave. and Havemeyer St.)
TEL 347-889-6164
HP joinerynyc.com

ケーシーディーシー
KCDC
スポーツウェア／スニーカー

経営者エイミー・グンターのコンセプトは、スケートボード好きなら誰でも、スキルに関係なく（やったことがない人でも）立ち寄れる店。古い倉庫を利用した店舗で、屋内のミニランプとアート・ギャラリーを併設。周囲の壁にはシューズやスケートグッズが陳列されている。
85 N. 3rd St. (Wythe Ave.)
TEL 718-387-9006
HP kcdcskateshop.com

マーロウ＆ドーターズ
MARLOW & DAUGHTERS
フード／ショップ

下記のマーロウ＆サンズを参照。
95 Broadway
(Bedford Ave. and Berry St.)
TEL 718-388-5700
HP marlowanddaughters.com

マーロウ＆サンズ
MARLOW & SONS
フード／ドリンク

もともとは隣のダイナーの席が空くのを待つ間に一杯飲める場所としてスタートしたマーロウ＆サンズは、この界隈の待ち合わせスポットになっている。俳優やモデルやアーティストたちが集い、昼間はテラス席でラテを飲み、夜はこぢんまりしたダイニング・スペースでオイスターを楽しむ。マーロウ＆サンズは、レストラン経営者アンドリュー・ターロウが、サステナビリティを考えた飲食というコンセプトで地元に作ったレストランのひとつ。ワイス・ホテルのレイナードやザ・イデス、マーロウ＆ドーターズ、ローマンズ、アキレス・ヒールなども同じ系列。
81 Broadway
(Berry St. and Wythe Ave.)
TEL 718-384-1441
HP marlowandsons.com

マーロウ＆グッズ
MARLOW & GOODS
アクセサリー

夫と一緒に経営するレストラン（マーロウ＆サンズを参照）が掲げる「鼻先からしっぽまで」というコンセプトを受け継ぎ、ケイト・ヒューリングが、食肉用の家畜の毛や皮を利用してアクセサリーをデザインしている。

BKOnline
ブルックリン・オンライン情報

Bedford + Bowery
bedfordandbowery.com

Brokelyn
brokelyn.com

The Brooklyn Ink
thebrooklynink.com

Brooklyn Magazine
bkmag.com

The Brooklyn Paper
brooklynpaper.com

Brownstoner
brownstoner.com

Bushwick Daily
bushwickdaily.com

The L Magazine
thelmagazine.com

Free Williamsburg
freewilliamsburg.com

81 Broadway
(Berry St. and Wythe Ave.)
TEL 718-384-1441
HP marlowgoods.com

マスト・ブラザーズ・チョコレート・メイカーズ
MAST BROTHERS CHOCOLATE MAKERS
見学／フード

職人が起業する昨今のブルックリンの傾向を象徴するように、マスト兄弟も、自作のチョコレートを地元の市場で細々と売るところから、手作りチョコレート事業を興した。工場見学をしながら、独自の配合で作られた手作りチョコを試食するのもよし。また、ブリュー・バーではチョコレートドリンクも飲むことができる。
111A N. 3rd St.
(Berry St. and Wythe Ave.)
TEL 718-388-2644
HP mastbrothers.com

ミート・フック
THE MEAT HOOK
食材／キッチン／教室

シェフがロックスターなら、肉屋はリード・ギタリストだ。すべての部位を揃える精肉店を経営するトム・マイランは、マーロウ&サンズで働いた経験もあり、牧草で育てた地元の肉を食べるようブルックリンっ子の意識を変えた人物。ミート・フックにはサンドイッチ・ショップや、小さいながら食料品を販売するスペース、そして肉好きの夢を叶える品々がすべて揃っている。隣接するブルックリン・キッチンでは、スタッフによる料理教室が開催されていて、ナイフの使い方や肉の切り方、ソーセージの作り方、自家醸造の方法、そして、ピクルスの作り方など、ありとあらゆることを教えてくれる。
100 Frost St. (Meeker Ave.)
TEL 718-349-5032
HP the-meathook.com

メグ
MEG
ウィメンズ

ボコカを参照。
6th St. (Wythe and Kent Aves.)
TEL 347-294-0777
HP megshops.com

ミオミア・アポセカリー
MIOMIA APOTHECARY
ビューティ

美容関連のものならなんでも揃っていて、女性はもちろん男性にも人気。扱っている製品は品質が高く、アーサ・メジャーやオセアはもちろん、マクブライドやアーマーなどブルックリンのブランドも充実。
318 Bedford Ave.
(S. 1st and S. 2nd Sts.)
TEL 917-834-3438
HP shopmiomia.com

ナイトホーク・シネマ
NITEHAWK CINEMA
映画／フード／お酒

映画ファンあこがれの場所。土曜の午前中はブランチを食べながら1930〜90年代のアニメーション映画を楽しみ、深夜はカルト映画の名作や単館上映の新作を鑑賞する。お決まりのポップコーンよりワンランク上のかなり充実したメニューが揃っていて、劇場内で飲食可能。
136 Metropolitan Ave.
(Berry St. and Wythe Ave.)
TEL 718-384-3980
HP nitehawkcinema.com

オロボロ
OROBORO
ウィメンズ／アクセサリー

アート・ギャラリーのようでもあり、ブティックのようでもある。広々した空間には木の枝で作られた陳列ラックがあって、禅の空間でショッピングしているような気分を味わえる。商品はすべてサステナビリティの発想で作られたものばかり。エレクトリック・フェザーズやキャロン・キャラハン、ローレン・マヌージアン、コズミック・ワンダー、エース・アンド・ジグなどの服が揃っているほか、選りすぐりのアートブックやヘアケア・ボディーケア商品、ホーム雑貨なども並んでいる。
326 Wythe Ave. (S. 1st St.)
TEL 718-388-4884
HP oroborostore.com

ピルグリム・サーフ＋サプライ
PILGRIM SURF & SUPPLY
スポーツウエア／ウィメンズ／メンズ

ロッカウェー・ビーチの波をつかまえるためのサーフィン・グッズが見つかる店。そのほかに、ビキニやフランネルの衣類、Tシャツ、リュックなども揃っている（取り扱いブランドは、エンジニアド・ガーメンツやチョップ・ウッド・キャリー・ウォーターなど）。
68 N. 3rd St. (Wythe Ave.)
TEL 718-218-7456
HP pilgrimsurfsupply.com

レイナード
REYNARD
フード

ウィリアムズバーグのマーロウ&サンズを参照。
Wythe Hotel, 80 Wythe Ave.
(N. 11th St.)
TEL 718-460-8004
HP reynardnyc.com

ソルティ
SALTIE
フード

ブルックリンのシェフのパイオニア的存在であるキャロライン・フィダンザの料理人歴は、ウィリアムズバーグがおしゃれなフードスポットになり始めた頃からで、20年になる。彼女が作る素朴ながら計算つくされたソルティのサンドウィッチは、話題になるだけのことはある。パンからアイスクリームまですべてホームメイド。特製サンドウィッチは季節ごとに具が変わる。朝食にはサラダもある。
378 Metropolitan Ave.
(Havemeyer St.)
TEL 718-387-4777
HP saltieny.com

シュー・マーケット
SHOE MARKET
靴／アクセサリー

地元の人のため靴屋で、チェーン店ではない。それゆえ、店内に並んでいるのは、スウェディッシュ・ハズビーンズやジェフリー・キャンベル、フライ、そして、ブルックリンで人気のレイチェル・コーミーなど、選りすぐりのブランドの長く履ける靴ばかり。
160 N. 6th St. (Bedford Ave.)
TEL 718-388-8495
HP shoemarketnyc.com

スラップバック
SLAPBACK
ウィメンズ

このピンクのお店に入ると、女性本能がくすぐられることまちがいなし。オーナーのルネ・ディディオは、バストやヒップを強調するようなヴィンテージ・スタイルのワンピースやペンシル・スカート、コルセットなどに加えて、写真の前でポーズを決めるのに欠かせない網タイツやヘッドピースなどガーリーなアイテムまでありとあらゆるすてきなものを集めている。
490 Metropolitan Ave.
(Between Rodney St. and
Union Ave., near Meeker Ave.)
TEL 347-227-7133
HP slapbacknyc.com

スモーガスバーグ
SMORGASBURG
フード／ショップ

グルメのためのフード・マーケット。ここでは、ドーナツやグリルド・チーズ、ホットドッグ、アイスクリームなども、生ガキやケールサラダ、バインミーというベトナム風サンドイッチと同じく手を抜かずに、どれもおいしく食べられるように作られている。ブルックリン・フリーマーケットをはじめ、さまざまな場所で開催されている。夏の間の土曜日は イースト・リバー・パークにて開催。
90 Kent Ave. (N. 7th St.)
HP smorgasburg.com

ソウラ・シューズ
SOULA SHOES
靴

ボコカのソウラ・シューズを参照
85 N. 3rd St., #114
(Berry St. and Wythe Ave.)
TEL 718-230-0038
HP soulashoes.com

スペース・ナインティ・エイト
SPACE NINETY8
ウィメンズ／メンズ／フード／お酒

さまざまなフロアをもつアーバン・アウトフィッターズのコンセプト・ショップは、ヴィンテージに手を加えたアーバン・リニューアル・ラインが中心。大半がメイド・イン・ニューヨークのデザインで、ギャラリーや、ESHという名前のレストランのほか、屋上にはバーもある。
98 N. 6th St.
(Berry St. and Wythe Ave.)
TEL 718-599-0209
HP spaceninety8.com

スピーシーズ・バイ・ザ・サウザンズ
SPECIES BY THE THOUSANDS
アクセサリー／ギフト

「神秘的」や「スピリチュアル」、「知る人ぞ知る」といった言葉に惹かれる人におすすめの、小さなアクセサリー＆ギフト・ショップ。
171 S. 4th St. (Driggs Ave.)
TEL 718-599-0049
HP speciesbythethousands.com

スプーンビル＆シュガータウン・ブックセラーズ
SPOONBILL & SUGARTOWN BOOKSELLERS
本

新品や古本、希少本など、アート、デザイン関係のビジュアルブックが中心だが、なかなか手に入らない雑誌や文

Shopping Vintage and Thrift

ヴィンテージや古着がほしかったら

衣装デザイナー、ジェン・ロジェンが
耳寄りな情報を教えてくれる。

ヴィンテージのシルエットは現代ファッションのデザインとは異なるので、毎日の服装にヴィンテージを取り入れるのはある意味チャレンジかも。というわけで、自分に似合って、しかも、コーディネート次第で楽しくなるアイテムを探そう。

✤ **メジャーを持ち歩く。**
服に書かれているサイズは現在のサイズとちがうことがありうる。

✤ **生地の状態をチェックする。**
古着ゆえ、ほつれたりしても直せないこともある。ただ、そこが魅力だと考える人もいる。そこそこの古さになっていたら、その点は頭に入れておいたほうがいい。破れたり、ちぎれたり、ほころびたりしやすいので気をつけて。

✤ **シミや汚れに注意する。**
適切な方法でシミ抜きをするか、専門家に頼むのが賢明。きれいに消えない場合もある。特に、脇の下の汗ジミや、ポリエステル生地についたシミはやっかい。シミのまわりに手直しを入れてもいい。あるいは、シミも味があると思えれば問題ない。

✤ **ヴィンテージものは正しく保管する。**
ドライクリーニング用のビニールカバーは服が呼吸できないので、もし服にほこりがつくのが嫌なら、布カバーにするか、穴を開けたコットンの布をかける。服の形が崩れないようにジッパーは閉じて、ボタンはかけておく。ビーズをちりばめた服などは重量があるので、平らに保管するか、丸めて無酸性紙に包んでおくように。

芸書も揃っているのはうれしいかぎり。
218 Bedford Ave.
(N. 4th and N. 5th Sts.)
TEL 718-387-7322
HP spoonbillbooks.com

スウォーズ・スミス
SWORDS-SMITH
ウィメンズ／メンズ

ブリアナ・スウォーズとR・スミスの夫婦が工場跡地にオープンしたショップ。広々とした店内には、サマンサ・プリート、モーガン・カーバー、フェラル・チャイルドなどのニューヨークのデザイナーや、オリジナル・ブランドのものが並んでいる。
98 S. 4th St.
(Bedford Ave. and Berry St.)
TEL 347-599-2969
HP swords-smith.com

トビーズ・エステート
TOBY'S ESTATE
カフェ／教室

ていねいに淹れたトビーズのコーヒーは、コーヒーファンのあこがれの的。ショップで毎週開かれている教室（事前に予約が必要）で、焙煎したての豆のよしあしを見分ける方法を学べば、コーヒー熱がさらに高まることまちがいなし。
125 N. 6th St. (Berry St.)
TEL 347-457-6160
HP tobysestate.com

ユニオン・プール
UNION POOL
お酒／音楽

広々としたビアガーデン、タコス売りのトラック、インディーズ・バンドのミュージック・ショー、写真撮影できるブース。これだけ揃ったら楽しいことまちがいなし。ヒップスターたちが集まってくると評判で、特に週末のユニオン・プールはまるでやりたい放題のお祭り騒ぎ。

スレイ・ベルズのヴォーカルで、ビューティ・ライズ・トゥルースというウェブサイトの共同設立者でもあるアレクシス・クラウス。グリーンポイントのカフェ＆バー、トゥルーストにて。

484 Union Ave. (Meeker Ave.)
HP union-pool.com

ウィリアムズバーグ・フリー
WILLIAMSBURG FREA
雑貨／ウィメンズ／メンズ／ホーム雑貨／フード

フォートグリーンのブルックリン・フリーを参照。
50 Kent Ave.
(N. 11th and N. 12th Sts.)
HP brooklynflea.com

グリーンポイント
Greenpoint

ポーランド人が多い静かな住宅地域だったグリーンポイントは、隣のウィリアムズバーグがファッショナブルでにぎやかな地区に変貌していくにつれてその余波を受け、訪れて楽しい観光スポットになりつつある。ここにしかないブティックやレストランがいくつもあり、ブルックリンに沿うように走る唯一の地下鉄、Gラインに乗ってまで訪れる価値はある。

アキレス・ヒール
ACHILLES HEEL
フード／お酒

ウィリアムズバーグのマーロウ＆サンズを参照。
180 West St. (Green St.)
TEL 347-987-3666
HP achillesheelnyc.com

アラメダ
ALAMEDA
お酒／軽食

かっこいい大理石のバーのまわりで、ちょっとカクテルでも飲みたくなるような大人の空間。食事のメニューは限られているが、次の一杯を注文するまでのつなぎには充分。
195 Franklin St. (Green St.)
TEL 347-227-7296
HP facebook.com/ alamedabk

アルター
ALTER
ウィメンズ／メンズ／靴

ウィリアムズバーグを参照。
140 Franklin St. (Greenpoint Ave.)
TEL 718-349-0203
HP alterbrooklyn.com

バケリ
BAKERI
フード／ベーカリー

ウィリアムズバーグを参照。
105 Freeman St. (Manhattan Ave. and Franklin St.)
☎ 718-349-1542
🌐 bakeribrooklyn.com

ビーコンズ・クローゼット
BEACON'S CLOSET
古着／ヴィンテージ

ヴィンテージも最近のものも買取販売してくれる伝説のショップ。目利きスタッフのファッション感覚はたしか。
74 Guernsey St.
(Nassau and Norman Aves.)
☎ 718-486-0816
🌐 beaconscloset.com

ダスティ・ローズ・ヴィンテージ
DUSTY ROSE VINTAGE
ヴィンテージ

広い店内に服が山積みの箱がずらりと並ぶ。箱の中を物色してみれば、15ドルのスニーカーとか10ドルのデニムの短パンとか、うれしい掘り出し物が見つかるはず。
251 Greenpoint Ave. (Provost St. and McGuinness Blvd.)
🌐 www.dustyrosevintage.com

フォックス＆ファーン
FOX & FAWN
古着

買取販売の店で、ほかにもう1店舗ある（ブッシュウィック）。主にデザイナーズ・ブランドや流行のアイテムを扱っている。最新の取り扱い情報が知りたければ、Instagram（@foxandfawn）をチェックしてみるとよい。
570 Manhattan Ave.
(Driggs and Nassau Aves.)
☎ 718-349-9510
🌐 shopfoxandfawn.com

イン・ゴッド・ウィ・トラスト
IN GOD WE TRUST
ウィメンズ／メンズ／アクセサリー

ウィリアムズバーグを参照。
70 Greenpoint Ave.
(Franklin and West Sts.)
☎ 718-389-3545
🌐 ingodwetrustnyc.com

ライン＆レーベル
LINE & LABEL
ウィメンズ／アクセサリー

「ライン」は、経営者ケイト・オライリーが自分でデザインしている服や革のアクセサリーのラインを指し、「レーベル」のほうは、ハーリンやクリスチャン・ジョイなど、オライリーが気に入っている新進気鋭の地元デザイナーのレーベルを扱っているという意味。
568 Manhattan Ave.
(Driggs and Nassau Aves.)
☎ 347-384-2678
🌐 lineandlabel.com

リトルネック・アウトポスト
LITTLENECK OUTPOST
ヴィンテージ

パークスロープ／ゴワナスを参照。
128 Franklin St. (Milton St.)
☎ 718-383-3080
🌐 littleneckoutpost.com

オーク
OAK
ウィメンズ／メンズ／靴

ブルックリン仕様のエッジがきいたカジュアルウェアが見つかる店。ただし、ケレン、プライオリー・オブ・テン、プリーンといった前衛的なデザイナーの作品も並んでいる。
55 Nassau Ave.
(Guernsey and Lorimer Sts.)
☎ 718-782-0521
🌐 oaknyc.com

ピープル・オブ・トゥモロー
PEOPLE OF 2MORROW
古着／アンティーク／ギフト

店内にはペルーやアフガニスタン、インドなどで使われていた家庭用品が並んでいる。ロフトのようなスペースに積まれたヴィンテージの服や古着を着れば、異国情緒を味わうことができる。
65 Franklin St. (Oak St.)
☎ 718-383-4402
🌐 peopleof2morrow.com

ピーターパン・ドーナツ＆ペストリー・ショップ
PETER PAN DONUT & PASTRY SHOP
フード

熱心なファンが、「食べ損なうくらいなら」と、客であふれかえる店内にズボンの裾をまくりあげて分け入ったと評判になるほどの人気店。それでこそ昔ながらのブルックリンの姿。店内は、「ブルックリンらしい」と、笑ってしまうほどおいしいドーナツにあふれている。
727 Manhattan Ave.
(Norman and Meserole Aves.)
☎ 718-389-3676
🌐 peterpan-donuts.com

トルースト
TROOST
お酒／カフェ

昼間は、ラ・コロンブのコーヒーと陽射しいっぱいの庭を目当てにPCを持ったビジネスマンが集まり、夜は、厳選された生ビールとワインが揃った落ち着いたバーに姿を変える。
1011 Manhattan Ave.
(Huron and Green Sts.)
☎ 347-889-6761
🌐 troostny.com

ヴァイオレット・ペッパー
VIOLET PEPPER
ウィメンズ／靴

控えめなたたずまいのブティック。並んでいる品物も驚くほど控えめな価格で、たいていは100ドルぐらいで購入できる。おしゃれ度はどれも価格以上。
688 Manhattan Ave.
(Nassau and Norman Aves.)
☎ 718-383-0869
🌐 violetpepperbk.com

ウルヴズ・ウィズイン
WOLVES WITHIN
ウィメンズ／メンズ

おしゃれな外観で、ドルチェ・ヴィータやファンクショナルといった有名ブランドの服が揃っている店。さらに、スエードの小銭入れや陶器のマグカップなどメイド・イン・アメリカの小物類も並んでいる。
174 Franklin St. (Java St.)
☎ 347-889-5798
🌐 wolveswithin.com

ワード
WORD
本

個人経営の小さな本屋だが、新刊から

古典、無名の作品まで選りすぐりの本が並んでいる。また、読書会やサイン会なども開催している。
126 Franklin St. (Milton St.)
☎ 718-383-0096
HP wordbrooklyn.com

ブッシュウィック
Bushwick
見方によっては、ブッシュウィックは世界中でもっともおしゃれな場所とも言えるし、暴力と犯罪の歴史から見事に復活を果たした特別な場所とも言える。いずれにせよ、荒廃したブッシュウィックで始まったストリート・アートや夜ごとのお祭り騒ぎ、バーと長く人気を誇るロベルタスのピザの味も、暗黒の時代を経て今なお健在である。

ビーコンズ・クローゼット
BEACON'S CLOSET
古着／ヴィンテージ
グリーンポイントを参照。
23 Bogart St.
(Cook and Varet Sts.)
☎ 718-417-5683
HP beaconscloset.com

ブンナ・カフェ
BUNNA CAFE
エチオピア料理／カフェ
エチオピアで始まったコーヒー栽培は、いまや同国の産業の要となっている。この陽気なエチオピアン・レストランでは、伝統的なコーヒーの儀式を披露してくれる。メニューは野菜中心で、インジェラという平たいパンをはじめ、エチオピアならではの民族料理を楽しめる。コンサートや料理教室も開催している。
1084 Flushing Ave. (Varick and Knickerbocker Aves.)
☎ 347-295-2227
HP bunnaethiopia.net

ディリンジャーズ
DILLINGER'S
フード／カフェ
明るくてモダンなロシアン・カフェ。そば粉ボウル（ケールやマッシュルームも入っていて、トッピングに卵がのっている）やプレッツェルを使ったホットドッグは絶品。テーブル数も多く、裏庭もあって、Wi-Fiが使えるのは便利。
146 Evergreen Ave. (Jefferson St.)
☎ 718-484-3222
HP facebook.com/dillingersnyc

フォックス＆ファーン
FOX & FAWN
古着
グリーンポイントを参照。
222 Varet St. (White St.)
☎ 718-366-6814
HP shopfoxandfawn.com

ル・ガラージュ
LE GARAGE
フード
ガレージを店舗にしたフレンチ・レストランは、まさしくインダストリアル・シックで、典型的なブルックリン・スタイル。オーナーはレストラン経営のプロ。シェフはキャサリン・オルスワンで、その娘のレイチェルはインテリア専門の建築家。季節ごとに変わるガーリック料理とミニマリストの繊細さが相まって、洗練された雰囲気が感じられる店。
157 Suydam St. (Central Ave.)
☎ 347-295-1700
HP legaragebrooklyn.com

オキウェイ
OKIWAY
フード
ヒップなスポット、ブッシュウィックの真ん中にあって、手ごろな値段で日本食を食べさせてくれる「居酒屋」風の店。オススメは大阪風お好み焼きのキューピー・マヨネーズ添え。ビールとの相性も抜群。鶏の唐揚げやワサビ味のワカモーレを頼めば、ついつい日本酒も進む。
1006 Flushing Ave. (Morgan Ave.)
☎ 718-417-1091
HP okiwaynyc.com

パールズ・ソーシャル＆ビリー・クラブ
PEARL'S SOCIAL & BILLY CLUB
お酒
ちょっと暗めで、がやがやしているが、開店時間が早いので、お昼からゆっくり飲める。ビールとウィスキーのワンショットのセットや、メイソン・ジャーにたっぷり入ったウィスキー・ジンジャーがおすすめ。
40 Saint Nicholas Ave.
(Starr and Troutman Sts.)
☎ 347-627-9985
HP pearlssocial.com

ロベルタス
ROBERTA'S
フード／ピザ
店の外観の建築用ブロックは落書きだらけ。ロベルタスはブルックリンでも別格で、パリパリ生地の香ばしいピザやカクテル、素材を生かした料理が美食家たちの舌をうならせている。人気があるうえ、予約を受け付けない主義なので、食事時のピークには恐らく待たされることを覚悟して。
261 Moore St. (Bogart St.)
☎ 718-417-1118
HP robertaspizza.com

ショップス・アット・ザ・ルーム
SHOPS AT THE LOOM
雑貨
Lラインのモーガン・アヴェニュー駅近くにある20店舗が入った商業施設。ケイヴ・エスプレッソ・バーやグノースティック・タトゥー、ルーム・ヨガ・センター、シルキーズ・スクリーン・プリントなど、ここにしかないショップがずらりと並んでいる。
1087 Flushing Ave.
(Knickerbocker Ave.)
☎ 718-417-1616
HP shopsattheloom.com

アーバン・ジャングル
URBAN JUNGLE
ヴィンテージ
下記の姉妹店ヴァイス・ヴェルサを参照。
118 Knickerbocker St.
(Flushing Ave. and Thames St.)
☎ 718-381-8510
HP ltrainvintage.com

ヴァイス・ヴェルサ
VICE VERSA
ヴィンテージ
ほどよい品質でほどよい価格の古着ショップ。時間をかけてじっくり棚を探せばずっとほしかった理想のアイテム

が見つかるはず。
71 White St.
(McKibben and Boerum Sts.)
TEL 347-881-9111
HP ltrainvintage.com

ザ・ウィック
THE WICK
音楽
音楽に関するさまざまなことが実現できる場所。かつて醸造所だっただけに、敷地面積は800平方メートルほどあり、いろいろな企画に合わせてあらゆるジャンルの音楽ファンが集まってくる。メイン・ドラッグ・ミュージックの姉妹店、ブッシュウィック・サプライの機材ショップがあり、また、ザ・スウェット・ショップのリハーサルスタジオ、雑誌「トム・トム」の編集部、ニュータウンのラジオ局なども入っている。
260 Meserole St. (Bushwick Pl.)
TEL 347-338-3612
HP thewicknyc.com

ベッドフォード=スタイプサント／クラウンハイツ／プロスペクトハイツ
Bedford-Stuyvesant / Crown Heights / Prospec Heights

ブルックリンの中心地区で最近おしゃれになったと噂される場所はここ以外にないだろう。洗練されたおかげで、ヒップスターたちはもちろん、白人や黒人の若手エリート層が集まってきて、そういう人々のための施設も数多くできた。ラッパーのビギー・スモールズの出生地として有名なベッドスタイは、スパイク・リー監督の映画「ドゥ・ザ・ライト・シング」（1989年公開）のロケ地にもなった。

ブルックリン・コラーチ・コー
BROOKLYN KOLACHE CO.
フード／カフェ
ドーナツ・ブームに振り回されて、このコラーチを見逃さないように。コラーチとは中に甘くて香りのよいフィリングが詰まっているチェコのペストリー。もっとも伝統的なのはポピーシード入りだが、キールバーサというポーランドのソーセージとチーズが入っているのがこの店の人気。特に、お天気のいい日にカフェの庭で食べるのは最高。
520 Dekalb Ave.
(Bedford Ave. and Skillman St.)
TEL 718-398-1111
HP brooklynkolacheco.com

カフェ・ルー・ディス
CAFÉ RUE DIX
フード／ドリンク／カフェ
フランスとセネガルの香りがするおしゃれなカフェ＆バーで、昼も夜も同じメニューを楽しめる。地元の人に愛されていて、西アフリカ伝統のグリオ・ラップやセネガルの国民的歌手ユッスー・ンドゥールの歌にエディット・ピアフのシャンソンも流しながら、ムール貝のフリットやチェブジュン（セネガルの国民的魚料理）を食べさせてくれる店。
1451 Bedford Ave. (Park Pl.)
TEL 929-234-2543
HP caferuedix.com

ベッドスタイのハッティ・カーサン・コミュニティ・ガーデンを訪れているレスリー・パークス。

ドウ
DOUGH
フード／ベーカリー

職人が作る、顔の大きさほどもある特大サイズのドーナツは、ハイビスカスやトロピカル・チリなど、フレーバーも規格外。
448 Lafayette Ave. (Franklin Ave.)
TEL 347-533-7544
HP doughbrooklyn.com

ザ・フード・サーモン
THE FOOD SERMON
フード

セント・ヴィンセント・グレナディーン諸島出身のラウルストン・ウィリアムズは、小さな間口のレストランでワンランク上のカリビアン料理を提供する。アイランド・ボウルの新鮮な素材と繊細な味つけはその典型。好きな肉や魚、ライスとスパイスを選ぶことができる。スパイスが利いたジャーク・チキンはどこでも食べられるが、ウィリアムズの作るチキンはその界隈の他の店とは別格の美味しさ。
355 Rogers Ave. (Sullivan St.)
TEL 718-484-7555
HP thefoodsermon.com

フラバルー・ブックス
HULLABALOO BOOKS
本／古本

近くにあるリトル・ゼルダ・カフェとウェッジ・チーズ・ショップのオーナーがご近所さんのために開いた本屋（ボランティアで経営しているので、営業時間が読めない）。個人宅の居心地がよいおしゃれな書斎のような雰囲気で、購入者が自分で値段を決めて買うコーナーもある。
711a Franklin Ave.
(enter on Park Pl.)
TEL 917-499-3244
HP facebook.com/
hullabaloobooks

インスタレーション
INSTALLATION
古着／ヴィンテージ

オーナーのイスラエル・デイヴィッドは、歌手のソランジュ・ノウルズをイメージして商品を選ぶ。だから、雰囲気のある服が集まるのも想像できる。ブルックリンをテーマにしたぶっ飛んだTシャツもたくさん。
733 Franklin Ave.
(Sterling and Park Pls.)
TEL 718-975-2680
HP installationnyc.tumblr.com

ザ・ミート・マーケット
THE MEAT MARKET
古着／ヴィンテージ

再利用の精神を地で行く店。店頭にはL&Gミート・マーケットという、前の店の看板がそのままかかっている。小さな店内は、オシャレに使えそうなファンキーなお宝であふれている。ここでは柄物が人気らしい。新品のアイテムも多少あって、陳列商品に花を添えている。
380 Tompkins Ave.
(Jefferson and Putnam Aves.)
HP ilovemeatmarket.com

アウル・アンド・シスル・ジェネラル・ストア
OWL AND THISTLE GENERAL STORE
ギフト／雑貨／教室

「なんでも屋（ジェネラル・ストア）」の名前にたがわず、この店にはメイド・イン・ブルックリンのものがなんでも揃っている。食べもの、着るもの、プレゼントに使えるもの、なんでもかんでも。そのほかに、サステナビリティに配慮したアイテムやフェアトレード商品も販売している。クラフト教室も開催している。
833 Franklin Ave. (Union St.)
TEL 347-722-5836
HP owlandthistlegeneral

シンシアリー・トミー
SINCERELY, TOMMY
ウィメンズ／カフェ

ベッドスタイ生まれで、とびきりおしゃれなカイ・アヴェント=デレオンが作った店は、ギャラリーのようなモダンなブティックで、並んでいる服もアート作品のよう。オーナーのおすすめの品は、アクセサリーにしても、メイド・イン・ブルックリンの家具にしても、ユニークでどちらかというと前衛的。居心地のよいコーヒーカウンターでひと休みすることもできる。
343 Tompkins Ave. (Monroe St.)
TEL 718-484-8484
HP sincerelytommy.com

アンネーマブル・ブックス
UNNAMEABLE
本

新刊も古本もあり、店内は天井までびっしり本で埋まっている。ジャンルも、現代のフィクションから詩集、哲学書、自伝までさまざま。じっくり見ているとかなり時間がかかりそう。
600 Vanderbilt Ave.
(St. Marks Ave.)
TEL 718-789-1534
HP unnameablebooks.
blogspot.com

パークスロープ／ゴワナス
Park Slope / Gowanus

ブルジョアとボヘミアンのユートピア。おしゃれな住まいを所有していながら、ボランティアで地元のフード・コープの店番をする。そういうところにこの地域の意識の高さが要約されている。プロスペクトパークにもっとも近い景観の美しいエリアは、大半が歴史地区になっている。さらに、フィフス・アヴェニューは流行の最先端を走る商業エリアの中心だ。ゴワナスは、人の住まない工業地区から、クリエイティヴなレストランや倉庫を利用したアートスペースが点在するおしゃれエリアに様変わりした。地元の人々は汚染が激しいゴワナス運河の水質が浄化されることを心待ちにしている。そうなれば、この地域がブルックリンのヴェニスになるのも夢ではないかも。

エー・チェン
A.CHENG
ウィメンズ

オーナーのアリス・チェンは、着心地がよくてはやりすたりがなく、それでいて個性的なカジュアルウェアやアクセサリーを重点的に選んでいる。お気に入りのブランドは、自身のブランド、エー・チェンはもちろん、セッスンやヒューマノイド、オルリー・ジェンジャーなど。
466 Bergen St.
(Flatbush and 5th Aves.)
TEL 718-783-2826
HP achengshop.com

ベイブランド
BABELAND
ギフト／アダルトショップ

気分がよくて、しかもすてきな格好をしているときに、この愉快でおバカなおもちゃでうまくいくとわかったら、試してみない手はない。この店のオーナーはみんな女性で、気のいい人ばかりだ。
462 Bergen St.
(Flatbush and 5th Aves.)
TEL 718-638-3820
HP babeland.com

ビーコンズ・クローゼット
BEACON'S CLOSET
古着／ヴィンテージ

グリーンポイントを参照。
92 5th Ave. (Warren St.)
TEL 718-230-1630
HP beanscloset.com

ブームキ
BHOOMKI
エコ製品／ウィメンズ

ブームキでは、扱うすべての服やアクセサリーについて、民族的、社会的主義主張があるかどうか、エコロジーの意識をもっているかどうかを確認している。さらに、メイド・イン・アメリカか、オーガニックか、フェアトレード品か、職人の手によるものか、適正価格か、再利用されているか、作り手が女性か（そして、ちゃんとした品質表示票がついているか）などもチェックしている。オリジナルの商品にはインドで手作りされた布地が使われていることが多く、フェラル・チャイルドやコクリコなどのブランドの品も置かれている（近くにあるブームキ・ホームでは、意識の方向を家具にも広げている）。
158 5th Ave.
(Degraw and Douglass Sts.)
TEL 718-857-5245
HP bhoomki.com

BHOOMKI HOME
237 5th Ave.
(Carroll and President Sts.)
TEL 718-857-5245
HP bhoomki.com/home

バード
BIRD
ウィメンズ

ウィリアムズバーグを参照。
316 5th Ave. (2nd and 3rd Sts.)
TEL 718-768-4940
HP shopbird.com

ブルックリン・スーパーヒーロー・サプライ・コー
BROOKLYN SUPEHERO SUPPLY CO.
ギフト

どこまでもユニークでスタイリッシュ。この奇抜で斬新な店には、これまで思いもしなかったような、悪漢と戦うために必要不可欠なグッズがすべて揃っている（ケープとかエックス線パウダーとかひっかけ鉤とか）。それに加えて、作家デイヴ・エガーズが子どもに読み書きを教える支援団体826NYC支部の窓口にもなっていて、店の売り上げは彼の地道な努力を支援するためにも使われている。
372 5th Ave. (5th and 6th Sts.)
TEL 718-499-9884
HP superherosupplies.com

カフェ・レギュラー・ドゥ・ノルド
CAFÉ REGULAR DU NORD
フード／カフェ

パークスロープのわき道を入ったところにあるこのカフェのこぢんまりした店内に入ると、ウィーンやアムステルダムのロマンティックな雰囲気を思い出す。気候がよくなると、テラス席が設けられ、お茶をするのがさらに楽しい。カフェ・レギュラーは姉妹店。
158 Berkeley Pl.
(6th and 7th Aves.)
TEL 718-783-0673
HP caferegular.com

CAFÉ REGULAR
318 (11th St.5th Ave.)
TEL 718-768-4170

コミュニティ・ブックストア
COMMUNITY BOOKSTORE
本

店名の通り、この本屋には地元の作家の作品や自費出版の本などが多数集まっている。また、劇画や子ども向け絵本のセレクションもセンスがいい。自宅にいるような温かい雰囲気なので、じっくりと時間をかけて次に読む本を探すことができる。本に詳しいスタッフがおすすめの本を教えてくれるし、裏には静かな中庭もある。
143 7th Ave.
(Garfield Pl. and Carroll St.)
TEL 718-783-3075
HP communitybookstore.net

リトルネック
LITTLENECK
フード

リトルネックは、ブルックリンのレストランにはおなじみの地味で落ち着いた雰囲気を売りにしている。メニューは、基本的にアメリカ北東部のシーフード・レストランによくある感じだが、ここのクラム・フライやロブスター・フライ、ムール貝のワイン蒸しなどは、そういう料理を食べ慣れた客たちの舌もうならせている。ブルックリンらしさはカクテルのメニューにも表れていて、デザートにはできたてのドーナツも。また、ブランチには、フライドポテトにグレービーソースとチーズをかけたプーティンも食べられる。
288 3rd Ave. (Carroll and President Sts.)
TEL 718-522-1921
HP littleneckbrooklyn.com

ロッタ・ジャンスドッター
LOTTA JANSDOTTER
アクセサリー／生地 ※要予約

スウェーデン生まれのデザイナー、ロッタ・ジャンスドッターだけに、商品にはスカンジナビアのテイストが感じられる。小さなショップは工房としても使われていて、デザイナー自身が作った生地はヤード単位で購入することができる。トートバッグなども売られていて、バックに入れて持ち歩くのにちょうどいいノートなどのかわいい小物も揃っている。
131 8th St. (2nd and 3rd Aves.)
TEL 718-755-9945
HP jansdotter.com

ノー・リレーション
NO RELATION
ヴィンテージ

ブッシュウィックにある姉妹店ヴァイス・ヴェルサを参照。
654 Sackett St.
(3rd and 4th Aves.)

Great Brooklyn Reads
ブルックリンに関連する読み物

ブルックリンが作家の創作意欲をかきたてることも、この界隈で個人経営の本屋さんが繁盛している理由のひとつ。コブルヒル地区で35年にわたって営業している書店ブックコートのスタッフがすすめるブルックリンをテーマにした選りすぐりの本を、古いものから新しいものまで幅広く紹介しておこう。

The Colossus of New York
Colson Whitehead　コルソン・ホワイトヘッド著［2003年］
マンハッタンに生まれブルックリンに住んでいるホワイトヘッドは、ブルックリンの作家にまつわるすべてに対してこんな見方をしている。「しっかりしろ」。ただ、ニューヨーク（ブルックリンも含む）をテーマにしたこのエッセイには彼の熱い気持ちがこもっている。ぜひ読んでほしい1冊。

Dept. of Speculation
Jenny Offill　ジェニー・オフイル著［2014年］
胸を締めつけられるような言葉のコラージュで、破たんしていく結婚生活を描き出す。

The Great Bridge:
The Epic Story of the Building of the Brooklyn Bridge
David McCulloug　デーヴィッド・マカロー著［1972年］
歴史家であるだけに、このテーマに関するマカローの説明はわかりやすく読み応えがある。

Last Exit to Brooklyn
Hubert Selby, Jr.　ヒューバート・セルビーJr著［1964年］
（日本語版タイトル：『ブルックリン最終出口』河出書房新社、1968年）
セルビーが描く暗くてひねくれていて粗野なブルックリンの昔の面影はまだあちらこちらに残っている。

Literary Brooklyn:
The Writers of Brooklyn and the Story of American City Life
Evan Hughes　エヴァン・ヒューズ著［2011年］
ブルックリン出身の有名な作家たちのこと、そして彼らの成長を見守ってきたブルックリンの人々や環境のことがよくわかる1冊。

The Love Affairs of Nathaniel P.
Adelle Waldman　アデル・ヴァルドマン著［2013年］
著者の処女小説は現代ブルックリンの文学界を完璧に描写している。カクテルパーティーに出席する男性作家は肩身の狭い思いをしているかもしれない。

Marine Park
Mark Chiusano　マーク・キウザーノ著［2014年］
著者のデビュー作となる短編集。ブルックリンのあまり知られていない地区の生活を覗き見ることができる。

A Meaningful of Life
L.J. Davis　L. J. デーヴィス著［1971年］
犯罪が多発していた時期のクリントンヒルを舞台に、荒れ果てた館を修繕することに罪の償いを求めた男を冷やかな目で描いた話。

・Motherless Brooklyn [1999年]
・The Fortress of Solitude [2003年]
Jonathan Lethem　ジョナサン・レセム著
（日本語版タイトル：『マザーレス・ブルックリン』早川書房、2000年／『孤独の要塞』早川書房、2008年）
殺伐としてざらついた1970年代以降のブルックリンの世界を、フィクションの要素を交えて描いたレセムの作品には、根底に文学への愛情が感じられる。

Other People We Married
Emma Straub　エマ・ストラウブ著［2011年］
ストラウブはこの短編集で鮮烈なデビューを飾り、ブルックリンの文学界の花となった。

Panic in a Suitcase
Yelena Akhtiorskaya　イェレーナ・アクティオルスカヤ著［2014年］
ソ連崩壊後に移住してきた人々のブライトンビーチでの暮らしぶりを繊細なタッチで見事に描き出している。アクティオルスカヤの文才に批評家たちが舌を巻いた1冊。

Prospect Park West
Amy Sohn　エイミー・ソーン著［2011年］
（日本語版タイトル：『プロスペクトパーク・ウエスト』マガジンハウス、2010年）
好き嫌いが分かれる1冊。ソーンが、パークスロープ（自身の住まいもそこにある）で繰り広げられる母親たちの、セックスや財産や自尊心を巡るバトルをシニカルに描いた作品。

Sunset Park
Paul Auster　ポール・オースター著［2010年］
多くの著書を出版し、ブルックリンでもっとも有名な作家のひとりであるオースターの、ブルックリンを舞台にした傑作。

A Tree Grows in Brooklyn
Betty Smith　ベティ・スミス著［1943年］
20世紀初頭のウィリアムズバーグを舞台に、よりよい生活を求めて葛藤する物語。典型的なアメリカン・ストーリー。

Visitation Street
Ivy Pochoda　アイヴィー・ポコダ著［2013年］
ノワール・ミステリー。舞台は熱波に襲われた8月のレッド・ロック。ページをめくる手が止まらなくて眠れなくなりそう。

TEL 718-858-4906
HP ltrainvintage.com

―――

オットー
OTTO
ウィメンズ／ランジェリー／水着
洗練された商品展開。店内には、仕事着から夜のデートまで対応できるアーチェリーのAラインのワンピースや、アニ・クワンの前身頃にドレープが入ったジャケットやイージーパンツが並び、フォートナイトやフルールト、ユイットなどの上質で遊び心のあるランジェリーも充実の品揃え。オットーは、流行を取り入れるのではなく、着る人を喜ばせるアイテムを選んでいる。
354 7th Ave. (10th and 11th Sts.)
TEL 718-788-6627
HP ottobrooklyn.com

―――

パワーハウス・オン・エイス
POWERHOUSE ON 8TH
本
ブルックリンハイツ、ダンボ、ヴィネガーヒルにあるパワーハウス・アリーナを参照。
1111 8th Ave. (11th and 12th Sts.)
TEL 718-801-8375
HP powerhouseon8th.com

―――

ザ・ロイヤル・パームズ・シャッフルボード・クラブ
THE ROYAL PALMS SHUFFLEBOARD CLUB
シャッフルボード
退職者の娯楽というイメージだったシャッフルボードを、ゴワナスのナイトライフの楽しい遊びに変えた。工場の跡地にできたこのスペースには、シャッフルボードのコートが点在するほか、バーもあり、外に出れば、トラックが何台も停まっていて食べ物を買うことができる。いろいろなものが入り混じった不思議な空間は暇つぶしに最適。
514 Union St.
(3rd Ave. and Nevins St.)
TEL 347-223-4410
HP royalpalmsshuffle.com

―――

ランナー&ストーン
RUNNER & STONE
フード
おそらくマンハッタンでもっとも修行が厳しいレストランのひとつといわれるパ・セでベーカリー部門の主任を務めていた経験のあるピーター・エンドリスの店。モダンな造りのダイニングルームは、休憩なしで1日中開いている。共同経営者でもあるエンドリスは、ゴワナスの住人たちに、生活が一変するほどとびきりおいしいバゲットやクロワッサン、ペストリーを提供している。朝食のためだけにでも遠回りする価値あり。
285 3rd Ave.
(Carroll and President Sts.)
TEL 718-576-3360
HP runnerandstone.com

―――

スリーズ・ブリューイング
THREES BREWING
お酒・フード
800平方メートルの敷地をもつブルワリーは、スカンジナビア風の洗練されたモダンな装飾が目を惹く。料理はその界隈の一流シェフが交代で担当。
333 Douglass St.
(3rd and 4th Aves.)
TEL 718-522-2110
HP threesbrewing.com

―――

ヴィ・キューレーティッド
V CURATED
ウィメンズ／メンズ
オーナーのブランド、ヴァラリーノの作品を主に扱っている。店内には、オーナーみずから色染めと手描きで作るモダンなシルエットの服が並んでいるが、それとは別に、他のデザイナー仲間（アーキンス、カオ・パオ・シュー、レムニスカータなど）が作品を販売できるようにスペースを提供している。
456 Bergen St.
(Flatbush and 5th Aves.)
TEL 347-987-4226
HP www.vcurated.com

―――

ハウジング・ワークス・スリフト・ショップス
HOUSING WORKS THRIFT SHOPS
古着／ヴィンテージ
ホームレスやエイズを患っている人たちのために非営利で運営されていて、商品も質がよい。品揃えも趣味がよく、有名デザイナーのアイテムも含まれている。街のあちこちにチェーン店があり、ブルックリンハイツにも出店。
266 5th Ave. (Garfield Pl.)
TEL 718-636-2271
HP housingworks.org

―――

ボコカ
BoCoCa /
レッドフック
Red Hook

（ボーラムヒル、コブルヒル、キャロルガーデンズの頭文字をとっている）ボコカとは隣接したエリアの総称で、ブルックリンの中にあって、ブラウンストーンの建物が立ち並び、どこか牧歌的な雰囲気を残す美しい場所である。この界隈ではスミス・ストリートはレストランが軒を連ねる通りとして知られている。レッドフックのヴァン・ブラント・ストリートは一番の目抜き通りで、海側を臨むと正面に自由の女神を見ることができる。サウス・ブルックリンの商業は長く家族経営の小さな商店が支えていたが、最近では、バーニーズやスティーブン アラン、ラグ&ボーンのような、世界で名を知られる店がこの地区にも新たに進出してきた。とはいえ、ここには今でも地元色が色濃く残っている。

―――

バターズビー
BATTERSBY
フード
評論家たちの熱い要請に応えて2011年にオープンしたバターズビーには、ウォーカー・スターンとジョー・オグロドネックというシェフたちの創作料理を堪能したくて、マンハッタンから食通たちがやってきていた。ありがたいことに、ふたりが数ブロック離れた場所にもっと広い姉妹店ドーヴァーをオープンさせ、お腹を空かせた常連客を喜ばせている。
255 Smith St.
(Degraw and Douglass Sts.)
TEL 718-852-8321
HP battersbybrooklyn.com

―――

DOVER
412 Court St. (1st and 2nd Pls.)
TEL 347-987-3545
HP doverbrooklyn.com

バード
BIRD
ウィメンズ

ウィリアムズバーグを参照。
220 Smith St. (Butler St.)
☎ 718-797-3774
HP shopbird.com

ブックコート
BOOKCOURT
本

この街で個人経営の書店がいくつも姿を消している中、この家族経営の本屋は、同じ通りの大型書店バーンズ＆ノーブルと共に閉店することなくがんばっている。広く明るい読書室ではゆっくりと本を吟味することができる。定期的に作家を招いたイベントが開催されていて、博識の店員（その多くが自分でも本を書いている）から知らない情報を教えてもらえるのもありがたい。
163 Court St.
(Dean and Pacific Sts.)
☎ 718-875-3677
HP bookcourt.com

ザ・ブルックリン・イン
THE BROOKLYN INN
お酒

ボーラムヒルの一画にあるサロンには、19世紀にできた木造りの落ち着いたバーがある。昔ながらのジュークボックスが置かれていて、奥にはビリヤード台もある。主に地元の人が集まる場所だ。
148 Hoyt St. (Bergen St.)
☎ 718-522-2525

バーラップ
BURLAP
ウィメンズ／メンズ／ホーム雑貨

とびきりユニークで好奇心をそそられるこのブティックは、店自体がまるで掘り出し物のよう。バーラップはまさしくそういう場所だ。小粋なヘンリー・ストリート沿いにある店には、シチズンズ・オブ・ヒューマニティやプロジェクト・アラバマ、コクリコといったブランドの、見たらほしくなるような品々がずらりと並んでいる。
385 Henry St.
(Warren St. and Verandah Pl.)
☎ 718-596-8370

カカオ・プリエト／ボタニカ
CACAO PRIETO/ BOTANICA
見学／フード／お酒

ブルックリンの手作りブームのおかげで、チョコレート好きやウィスキー好きは喜んでいる。というのも、小規模ながら腕のいい職人たちが手作りする上質のチョコレートやウィスキーにありつけるから。レッドフックにあるカカオ・プリエトの工場では、オーナーのダニエル・プリエト・プレストンがドミニカ共和国に所有する農園で有機栽培したカカオを原料にして、チョコレート・バーやラム、リキュールなどを作っている。工場見学もできるし、ショップで買い物もできる。また、併設のカクテル・バー、ボタニカで一杯やることも可能。
218 Conover St. (Coffey St.)
☎ 347-225-0130
HP cacaoprieto.com

ダイアン・ティー
DIANE T.
ウィメンズ

コブルヒルにあるこのブティックには、レベッカ・テイラー、ダイアン・フォン・ファステンバーグ、キャシャレル、ヴァネッサ・ブリューノといったブランドの選りすぐりの洗練されたアイテムが並んでいる。
174 Court St.
(Congress and Amity Sts.)
☎ 718-923-5777
HP dianetbrooklyn.com

エリー・ベイスン
ERIE BASIN
ジュエリー／アンティーク

18世紀から20世紀にかけて作られたジュエリーのコレクションは、実に見ごたえがある。アンティークのダイヤモンドのエンゲージリングが並んでいる中に、コレクター兼オーナーのラッセル・ウィットモアが手掛けるジュエリー・ブランドEBの商品も置かれている。オーナーが何年もかけてみずから見つけてきた宝石の原石を使って制作された作品だ。それに加えて、値段も控えめで見たら買いたくなるような品々も揃っていて、店内にはアート作品や家具も置かれている。
388 Van Brunt St. (Dikeman St.)
☎ 718-554-6147
HP eriebasin.com

エヴァ・ジェントリー・コンサインメント
EVA GENTRY CONSIGNMENT
ユーズド

イザベル・マランのジャケットやセリーヌのパンツなどを自分にも買える値段で手に入れた興奮はいくつになっても変わらない。委託販売店ながら商品を見る目はたしかで、しかも、ほとんどの服やアクセサリーは小売価格の半額以下。シャネル、プラダ、グッチ、イヴ・サンローランなど一流ブランドのものがあるのはここだけ。
371 Atlantic Ave.
(Bond and Hoyt Sts.)
☎ 718-522-3522
HP evagentryconsignment.com

ザ・グッド・フォーク
THE GOOD FORK
フード

ファンのお目当ては、韓国系アメリカ人シェフ、ソヒ・キムが作る繊細で風味のよいポークとアサツキの肉団子や韓国風ステーキ、卵のキムチライス添え。板張りの優雅なダイニングルームを造ったのはシェフの夫で、店ではフロント係を務めているので、まるで両親が働いている店にやってきたかのようなアットホームな感じを味わえる。
391 Van Brunt St.
(Van Dyke and Coffey Sts.)
☎ 718-643-6636
HP goodfork.com

ジェームズ・レナード・オプティシャンズ
JAMES LEONARD OPTICIANS
アイウェア

ブルックリンの若い女の子たちはここの派手なアイウェアをかけこなす方法を知っている。この家族経営の店に来れば、どこよりもブルックリンらしい小物が手に入る。ディータ、カトラー・アンド・グロス、ソルト、オリバー・ゴールドスミスなどのブランドの品が揃っている。
309 Smith St.
(President and Union Sts.)
☎ 718-222-8300
HP jamesleonardopticians.com

Essential Brooklyn Movies

ブルックリンを舞台にしたおすすめ映画

ブルックリンに行くのは無理でも、映画の中でブルックリンに浸れば、つかのまでも訪れた気分になれる。映画評論家のアーロン・ヒルズ（「ブルックリン・マガジン」を通じてブルックリンの文化にもっとも影響を与える人物と呼ばれている）は、コブルヒルでビデオ・フリー・ブルックリン（videofreebrooklyn.com）を経営していて、ブルックリンを舞台にしたおすすめ映画を教えてくれる。

Brooklyn Castle ［2012年］
チェスの試合を通じて困難を乗り越えていく中学生の姿を追った最高に熱いドキュメンタリー映画。

The Comedy ［2012年］
この風刺が強く正統派とは無縁のドラマの中では、中年にさしかかったウィリアムズバーグに住むヒップスターの権利が批判の的になっている。

Dave Chapelle's Block Party ［2005年］
（邦題：ブロック・パーティー）カニエ・ウエスト、モス・デフ、再結成されたフージーズがクリントンヒルで大波乱を引き起こす物語。

Do the Right Thing ［1989年］
（邦題：ドゥ・ザ・ライト・シング）夏の一番暑い日にベッドスタイの人種間の対立を軸に権力と戦う姿を描いたスパイク・リー監督の映画。

Dog Day Afternoon ［1975年］
（邦題：狼たちの午後）アル・パチーノ扮する強盗が恋人の性転換手術の費用を稼ぐためにグレーヴズエンド銀行を襲撃する。「囚人暴動（アッティカ）！」と何度も叫ぶシーンが印象的。

The French Connection ［1971年］（邦題：フレンチ・コネクション）ジーン・ハックマンがベンソンハーストの街中を猛スピードでカーチェイスするシーンは映画史上に残る名場面。

Goodfellas ［1990年］
（邦題：グッドフェローズ）マーティン・スコセッシ監督のなにかと話題にされるギャング映画。

Hey Good Lookin' ［1982年］
ラルフ・バクシーが制作指揮した一部に根強い人気のあるアニメ。1950年代のワルたちの極悪非道な様子が垣間見られる。

It Happened in Brooklyn ［1947年］
（邦題：下町天国）MGMミュージカルの隠れた名作。見どころはフランク・シナトラとジミー・デュランテが歌の中で互いにまねっこするシーン。

The Landlord ［1970年］
（邦題：真夜中の青春）ボー・ブリッジズがブラウンストーンの高級住宅を購入し、貧民街の厳しい現実を知る物語。ハル・アシュビーのおもしろくも悲しい初監督作品。

Last Exit to Brooklyn ［1989年］
（邦題：ブルックリン最終出口）ヒューバート・セルビーJrが喧嘩早いレッドフックのたかり屋を描いた同名小説の映画化。この作品の主役を演じたのはジェニファー・ジェイソン・リー。

Little Fugitive ［1953年］
（邦題：小さな逃亡者）幼い少年のコニーアイランドまでの逃亡劇。詩的な映像と自然な演技がフランスのヌーヴェル・ヴァーグに影響を与えることになる。

Moonstruck ［1987年］
（邦題：月の輝く夜に）シェール演じるシシリア系アメリカ人の未亡人が、家族と住む家でニコラス・ケイジ演じるロニーと恋に落ちる奇想天外なロマンティック・コメディ。アカデミー賞獲得作品。

Mother of George ［2013年］
ブルックリンに暮らすナイジェリア人の夫婦の危機を、その背景とともに生き生きと描いた作品。サンダンス映画祭でも撮影技術が高く評価された。

Newlyweds ［2013年］
穏やかさを手に入れたベッドスタイで、取り立て屋の若者が恋人とマリファナのどちらを選ぶか迫られる。麻薬常習者の心の葛藤を描いたコメディ・ドラマ。

Obvious Child ［2014年］
どこまでも正直で、痛々しいほどおもしろいコメディ。独演芸人（ジェニー・スレイト）が中絶にいたるまでの物語。

Quiet City ［2007年］
シェールアーロン・カッツが撮りたかったのは、インディーらしさとかわいらしさが融合した作品。情感豊かな映像の中のブルックリンは虚ろに見える。

Saturday Night Fever ［1977年］（邦題：サタデー・ナイト・フィーバー）そう、ジョン・トラボルタの歩き方を見れば、彼がベイリッジの人間だとわかる。あれこれ説明するより、まずは観て！

The Sentinel ［1976年］
（邦題：センチネル）クリスティナ・レインズは、自分が住むブルックリンハイツのブラウンストーンのアパートで、地獄への入り口を監視する盲目の牧師に出会う。

Shortbus ［2006年］
（邦題：ショートバス）変わり者の旗を堂々と高く振りかざし、この露骨なパーティーを無邪気に見せつける。ダンボで奔放なセックス・パーティーを繰り広げる人々を描いた作品。

Smoke ［1995年］
（邦題：スモーク）ブルックリンでタバコ屋を営む男を演じるハーヴェイ・カイテルと、その常連客を演じるウィリアム・ハートのダブル主演で繰り広げる傑作ドラマ。原作は作家ポール・オースターの小説。

Sophie's Choice ［1982年］
（邦題：ソフィの選択）ブルックリンが舞台。秘密を抱えたポーランドからの亡命者を演じたメリル・ストリープは、この作品で初のアカデミー賞主演女優賞に輝いた。

The Squid and the Whale ［2005年］
（邦題：イカとクジラ）テーマは、離婚、そしてパークスロープでの暮らし。人気のノア・バームバック監督が、ブルックリンの片隅で過ごした自分の子ども時代を描いた自主製作映画。

The Super Cops ［1974年］
（邦題：スーパーコップス）ゴードン・パークス監督が描いたこれ以上ないほどハチャメチャな刑事ふたり組は、ブルックリンで知る人ぞ知る人気者。「Shaft（邦題：黒いジャガー）」（1971年）も同じ監督。

A Tree Grows in Brooklyn ［1945年］
（邦題：ブルックリン横丁）エリア・カザンが1912年のウィリアムズバーグを舞台にアイルランド系アメリカ人家族の苦労を描いた心温まる名作。

Two Lovers ［2008年］
ブライトンビーチで繰り広げられた三角関係の恋模様を、ジェームズ・グレー監督がさすがの手腕で繊細に描いたドラマ。ホアキン・フェニックスとグウィネス・パルトロー主演。

KAIGHT
カイト
エコ製品／ウィメンズ

このブティックはエコロジーの観念がしっかりしていて、並べている商品も、サステナビリティを意識した生地を使ったものになっている。つまり、オーガニックの素材で、再利用が可能で、しかも、製造の過程で出る無駄を極力抑えられていることが条件。在庫品の入れ替えは定期的に行なわれているが、ビッグ・スターのジーンズやパクトの下着はいつでも手に入る。
382 Atlantic Ave.
(Bond and Hoyt Sts.)
TEL 718-858-4737
HP kaightshop.com

LUCALI
ルカリ
フード

独学のピザ職人、マーク・イアコーノが作るピザ生地は天使のように軽く、パリパリしていて、とてつもなく香り豊か。ただし、待たされることは覚悟して。キャンドルがともるダイニングルームは予約を受け付けていないうえ、一晩でたった2組しか入れないから。
575 Henry St.
(1st Pl. and Carroll St.)
TEL 718-858-4086
HP lucali.com

MEG
メグ
ウィメンズ

メグはブランド名であり、店名にもなっている。メグの服は着心地がよく、シンプルでモダンなスーツはどんな体型の人にも合うのでみんなに喜ばれている。もちろん、胸やお尻が大きい人でも大丈夫。メグのデザイナーであるメーガン・キニーは愛想がよくて、客が入ってくると「いらっしゃい、ベイブ」とあいさつする。似合いそうな服を出してくれるうえ、必要であれば、ピンをつけて、体型にぴったりフィットするように手直しもしてくれる。
358 Atlantic Ave.
(Bond and Hoyt Sts.)
TEL 718-522-3585
HP megshops.com

NIGHTINGALE 9
ナイティンゲール・ナイン
フード

シェフのロブ・ニュートンと彼のパートナー、ケリー・ダイアモンドが、スミス・ストリートに出したキャロルガーデンズの3番目のレストランで、香辛料がきいたベトナム料理を食べさせてくれる。ナイティンゲール・ナインが提供するのは、ビーフ・フォーのようなベトナムの定番料理。牧草で育てた牛を使うため、値段はそこそこするものの、それだけの価値はある。通りを下ると、ニュートンとダイアモンドのふたりが手掛けるウィルマ・ジーンという店があり、ふたりの出身地の南部料理、フライドチキンとオクラ・チップスが食べられる。また、彼らが経営するスミス・キャンティーンというカフェもいつもにぎわっている。
329 Smith St. (President St.)
TEL 347-689-4699
HP nightingale9.com

OLIVE'S VERY VINTAGE
オリーブズ・ヴェリー・ヴィンテージ
ヴィンテージ

スタイリストでコレクターのジェン・マカロックは、はやりすたりがないかどうかでヴィンテージ・アイテムを選んでいる。また、季節商品は流行に応じてみずから手直しを加えている。優秀なデザイナーが多い中、その中でも店頭に並ぶのは、ボニー・カシン、ノーマ・カマリ、ジェフリー・ビーン、オレグ・カッシーニなどのブランド。
434 Court St. (2nd and 3rd Pls.)
TEL 718-243-9094
HP olivesveryvintage.com

RED HOOK LOBSTER POUND
レッドフック・ロブスター・パウンド
フード

ブルックリンでは驚くほどすてきな食事に出会うことがあり、そうなるとどうしてもそこにみんなが殺到する。レッドフック・ロブスター・パウンドはまさにそんなお店。ロブスターBLTはもちろん、ロブスターをそのままフライにしたものも人気で、暑い日に食べるにはもってこい。さあ、自転車で出かけてみよう。レッドフック散策の締

フォートグリーンのブルックリン・フリーにいるデビー・ハーディ。

めくくりには最高。
284 Van Brunt St.
(Pioneer and Verona Sts.)
☎ 718-858-7650
HP redhooklobster.com

リファイナリー
REFINERY
アクセサリー

この小さなショップがスミス・ストリート沿いにオープンしたのは1977年のことだった。シンプルな形のハンドバッグを扱っていて、ヴィンテージの生地を使用しているが、長持ちする。また、スヴェンのクロッグ・サンダルも販売していて、好きな色でオーダーすることができる。インドやアフリカで作られるワックス・プリントのコットンのワンピースやスカーフ、上品なジュエリーなども人気。
248 Smith St.
(Degraw and Douglass Sts.)
☎ 718-643-7861

ルッコラ
RUCOLA
フード

ここの料理はすべて素材にこだわっている。メニューは、「農場から食卓へ」をモットーとする北イタリア料理。薄暗い照明、年代を感じさせる木製のインテリア。チェックのシャツを着たヒゲ面のウェーター。時期を選んでいけば、シェフのジョー・パスクワレットが腕によりをかけて作る旬のアスパラやトリュフ、ヒラタマネギの料理を堪能できる。
190 Dean St. (Bond St.)
☎ 718-576-3209
HP rucolabrooklyn.com

シェン
SHEN
ビューティー

ビューティー・ショップでもあり、薬局のようでもある。美容と健康が一体化しているところがシェンの売り。オーナーのジェシカ・リチャーズは製品に絶対の自信をもっている。たとえば、フェイス・オイルは肌に自然なツヤを与えると評判だ。実際、店で扱うすべての製品の成分は、天然由来かオーガニック。オーレリアのセル・リペア・ナイト・オイルや、バイ・テリー、RMSの製品がおすすめ。
315 Court St.
(Sackett and Degraw Sts.)
☎ 718-576-2679
HP shen-beauty.com

スミス・キャンティーン
SMITH CANTEEN
フード

ボコカのナイティンゲール・ナインを参照。
343 Smith St. (Carroll St.)
☎ 347-294-0292
HP smithcanteen.com

ソウラ・シューズ
SOULA SHOES
靴

ほとんどがお手頃価格でおしゃれに履けるカジュアル・シューズ(チエ・ミハラ、コルソ・コモ、プーマ、クラークス、ポール・スミスなど)。この店は、ブルックリンっ子がなにを求めているかをよく知っている。
185 Smith St. (Warren St.)
☎ 718-834-8423
HP soulashoes.com

サニーズ・バー
SUNNY'S BAR
ドリンク

レッドフックのウォーターフロント沿いの、どこまでも続く石畳の道にある大衆酒場。土曜日の夜にはブルーグラスのジャム・セッションがある。
253 Conover St.
(Reed and Beard Sts.)
☎ 718-625-8211
HP sunnysredhook.com

ウィルマ・ジーン
WILMA JEAN
フード

ボコカのナイティンゲール・ナインを参照。
345 Smith St. (Carroll St.)
☎ 718-422-0444
HP wilmajean345.com

フォートグリーン／
Fort Greene /
クリントンヒル
Clinton Hill

マンハッタンから地下鉄ですぐの場所にあるフォートグリーンは、見事な景観の建物やオリジナリティあふれるおしゃれなレストランが多く、昔から大勢の人が訪れる場所。ブルックリン・フリーマーケットやブルックリン・アカデミー・オブ・ミュージック(BAM)もこの地に人気が集まる理由だ。BAMは、今は教育機関ではなく、むしろ、ダンスや演劇、音楽、自主制作映画、先鋭的なアート・パフォーマンスのためのスペースとなっている。美しい景観の地区を抜けたその先にあるのがクリントンヒルで、かの有名な美術学校、プラット・インスティテュートが見えてくる。

BAMカルチャラル・センター
BAM CULTURAL CENTER
パフォーマンス

BAMの施設では、ブルックリン・アカデミー・オブ・ミュージック、ブリック・ハウス、ザ・ポランスキー・シェイクスピア・センター、マーク・モリス・ダンス・センター、アフリカン・ディアスポラ現代美術館などの常識を超えた革新的なパフォーマンスや展示が途切れることなく次々と披露されている。
Brooklyn Academy of Music,
30 Lafayette Ave.
(Saint Felix St. and Ashland Pl.)
☎ 718-636-4100
HP bam.org

ブルックリン・フリー
BROOKLYN FLEA
雑貨／ウィメンズ／メンズ／日用品／フード

フォートグリーンやウィリアムズバーグ、そして、スモーガスバーグ(食料品専門)などで開かれているブルックリンのフリーマーケットを訪れると、自分が手作りしたもので商売をやりたいと考えるブルックリンっ子ならではの心意気に触れることができる。露店ではヴィンテージ品から手作り品までありとあらゆるものが売られている。もちろん、見物しながら食べ歩きするのには最高の場所。

176 Lafayette Ave. (Vanderbilt and Clermont Aves.)
HP brooklynflea.com

クロス
CLOTH
ウィメンズ

ゾーイ・ヴァン・デ・ウィールが、家族と住むブラウンストーンの家の庭にオープンした店には、アメリカン・ヴィンテージの裾がくるっとまくれたTシャツや、ステュワート＆ブラウンのチュニック丈のカーディガンといった、カジュアルだけど、どこか特別感のある服が並んでいる（といっても、値段はそれほど高くない）。ほかには、ユーティリィティ・キャンパスのトートバッグやトレトンのスニーカーなども売っている。

138 Fort Greene Pl. (Hanson Pl.)
TEL 718-403-0223
HP clothclothing.com

フレンチ・ガーメント・クリーナーズ・コー
FRENCH GARMENT CLEANERS CO.
ウィメンズ／メンズ／ギフト

もとの家主がクリーニング屋だったので、それをそのままちゃっかり活用している（1960年代に作られたネオン・サインの看板が目印）。店内には、レイチェル・コーミィやエンジニアド・ガーメンツ、ノミア、ウルラ・ジョンソンのものなどがいろいろ並んでいる。

85 Lafayette Ave. (S. Portland Ave. and S. Elliott Pl.)
TEL 718-797-0011
HP frenchgarmentcleaners.com

グリーンライト・ブックストア
GREENLIGHT BOOKSTORE
本

コミュニティの資金援助で成り立っているこの書店には熱心な信奉者がいる。児童書を紹介する読書会が特に人気だが、それだけでなく、現代作家の人気作品のサイン入り初版本を求めて全米からファンが集まってくる。

686 Fulton St. (S. Portland Ave.)
TEL 718-246-0200
HP greenlightbookstore.com

ジル・リンジー
JILL LINDSEY
ウィメンズ／ギフト／カフェ／お酒／教室

小さなデパートという触れ込みだけあって、店舗スペースは広め。オーナーのジル・リンジーは、自身の服ブランドのアイテムに加えて、自分が気に入っている無名のデザイナーの作品も順番に紹介している。アクセサリーや健康食品も置いていて、ホームグッズもいくつか並んでいる。カフェ兼ラウンジや裏庭もあって、各種イベントやリース作りなどのワークショップも企画し、単なるショッピング・スポット以上の魅力が感じられる店づくりを考えている。

370 Myrtle Ave.
(Clermont Ave. and Adelphi St.)
TEL 347-987-4538
HP jilllindsey.com

ロカンダ・ヴィニ・エ・オリー
LOCANDA VINI & OLII
フード

ここは19世紀には薬局だったらしく、その面影を今もとどめている。時代は変わり、クリントンヒルにあるこの歴史的建造物は、いまや人気のトスカーナ料理レストランになっている。厨房に立つのは、フィレンツェ出身のシェフ、ミカエル・バルダッチ。

129 Gates Ave. (Cambridge Pl.)
TEL 718-622-9202
HP locandany.com

マディーバ
MADIBA
フード

フォートグリーンの名物店。南アフリカ料理のレストランで、フリーマーケットで見つけてきた装飾が目印。アフリカをはじめ、マレーシアやヨーロッパの香辛料や味つけも取り入れた南アフリカのさまざまな料理が食べられる。ダチョウのカルパッチョなど注文してみてはいかが？

195 Dekalb Ave.
(Adelphi St. and Carlton Ave.)
TEL 718-855-9190
HP madibarestaurant.com

オー・エヌ・エー
O.N.A
ウィメンズ／メンズ／アクセサリー

列車の車両ほどの狭いスペースにお手頃価格の商品が並んでいる。イラナ・コーンの柄入りロンパースやサマードレスをはじめ、オリーヴ＆オークのざっくり編みの冬用ニット、シャーロット・ストーンのメタリックなコルクソール・サンダルや、木製ソールのクロッグ・ブーツなどがずらり。

593 Vanderbilt Ave.
(Bergen and Dean Sts.)
TEL 718-783-0630
HP onanyc.com

ローマンズ
ROMAN'S
靴

ウィリアムズバーグのマーロウ＆サンズを参照。

243 Dekalb Ave.
(Vanderbilt and Claremont Aves.)
TEL 718-622-5300
HP romansnyc.com

シスル＆クローヴァー
THISTLE & CLOVER
ウィメンズ／ジュエリー

誰かの家のようなグレーの外観に似合わず、店内には楽しい掘り出し物がいっぱい。エース・アンド・ジグ、ローレン・モファット、ドゥーセン・ドゥーセンなどのものが中心で、かなり豪華なジュエリーも並べられている。

221 Dekalb Ave.
(Clermont Ave. and Adelphi St.)
TEL 718-855-5577
HP thistleclover.com

ブルックリンハイツ
Brooklyn Heights /
ダンボ
Dumbo /
ヴィネガーヒル
Vinegar Hill

ブルックリンハイツの洗練された通りには、けた外れに豪華な屋敷がずらりと並んでいる。ブルックリン・プロムナードのそんなおしゃれな家並みを背に、美しいブルックリン・ブリッジ・パークから川の向こうを見ると、マンハッタンの高層ビル群が浮かび上がって見える。隣接するダンボ地区にはおしゃれなロフト・ハウスが並んでいて、ショッピングもできる。また、技術系

の会社が集中していて、コーヒー好きの技術者が常連になっているカフェが並んでいる。ウォーターフロント沿いに進んでいくと、石畳の閑静な通りが続き、美しい街並みのヴィネガーヒルへと入っていく。

ブルックリン・ブリッジ・パーク
BROOKLYN BRIDGE PARK
観光

長い歴史のあるダンボのウォーターフロントに沿って広がる約0.3平方キロメートルの緑地には文化的な香りが漂う。それを一番感じるのは、1922年に建造され、美しく生まれ変わったメリーゴーランドや、継続的に開かれている美術展覧会だ。夏には毎週日曜日にスモーガスバーグ（ウィリアムズバーグを参照）が開催される。そこからのマンハッタンの眺めも絶景。
Water St. (Old Fulton St.)
TEL 718-222-9939
HP brooklynbridgepark.org

ハウジング・ワークス・スリフト・ショップス
HOUSING WORKS THRIFT SHOPS
古着／ヴィンテージ

パークスロープ参照。
122 Montague St.
(Henry and Hicks Sts.)
TEL 718-237-0521
HP housingworks.org

パワーハウス・アリーナ
POWERHOUSE ARENA
本

ここはただの本屋ではない（同名の美術本専門の出版社の本拠地にもなっている）。500平方メートルの敷地では、美術展や各種パフォーマンスのほか、写真、デザイン、ファッションなどさまざまなアートを支援するイベントも行なわれる。まさに、あらゆるカルチャーを網羅している場所。サウススロープにも支店があり、敷地こそ狭いが、文化に対する意識は同じぐらい高い。
37 Main St. (Water St.)
TEL 718-666-3049
HP powerhousearena.com

トランク
TRUNK
ウィメンズ／ジュエリー

ブルックリンを拠点にして活躍するエイミー・G、ラドカ・デザイン、そして、サモイ・レンコが開いたこのブティックでは、地元のデザイナーやアーティストの作品を販売している。商品の主なコンセプトは、ユニークな構造、上質の生地、そして、顔映りのよい中間色であること。
68 Jay St. (Front and Water Sts.)
TEL 718-522-6488
HP trunkbrooklyn.com

ヴィネガーヒル・ハウス
VINEGAR HILL HOUSE
フード

ブルックリンに行ったら外せない大繁盛のレストラン。地元の畑でとれた材料を使った店の料理は、舌の肥えた口うるさい地元の客を満足させている。落ち着いて素朴な外観。ヴィネガーヒル・ハウスには文句のつけようがない。
72 Hudson Ave.
(Front and Water Sts.)
TEL 718-522-1018
HP vinegarhillhouse.com

ゾーイ
ZOË
ウィメンズ／アクセサリー

ダンボの倉庫街の建物が新たなおしゃれスポットになりつつある中、その環境にいち早くなじんだのがゾーイだ。有名デザイナー（ステラ・マッカートニー、プロエンザ・スクーラーなど）のシンプルめのラインの服や、人気のデニム・ブランド（ラグ＆ボーンやカレント／エリオット、ジェイ・ブランドなど）の商品が並んでいる。
68 Washington St.
(York and Front Sts.)
TEL 718-237-4002
HP shopzoeonline.com

シミ・ポロンスキー（左）とチャヤ・チャニン。姉妹はダンボで開かれる集まりに出かけるところ。

Thank-Yous
謝辞

本書の制作にあたり、多くの方々からご支援とご尽力をいただきました。心よりの感謝を申し上げます。

本書では、ファッションも生き方も魅力的な数多くの女性たちにご登場いただきました。ここで改めてお名前をご紹介いたします。ジェシカ・リチャーズ、エイプリル・ヒューズ、マリーナ・ブリーニ、ケイト・ヒューリング、ヒラリー・ロバートソン、ジェニファー・マンキンス、マリーナ・ムニョス、ウルラ・ジョンソン、デビー・ハーディ、カリン・スター、ティタニア・イングリス、メアリー・アリス・スティーヴンソン、オーロラ・ジェイムズ、テイラー・パターソン、エリカ・ルビンスタイン、キャサリン・ハケット、そして、イングリッド・カロッツィ。

編集を担当してくれたローラ・ドージャーは本書完成まで忍耐強くわたしたちを支えてくれました。マーク・ジェイコブスはこのプロジェクトを快くご支援くださいました。

また、装丁やデザインでも多くの方々にお手伝いいただきました。レベッカ・アレクサンダーをはじめ、ジュリア・ジョセフ、ジェシカ・ケラー、ジル・フリーマン、ニコル・ブライル、フリン・マリー、リズ・マーズ、みなさんの存在がなければこのような美しい本はできなかったでしょう。

そのほかにもこのプロジェクトに快くご参加くださった方々はたくさんいます。クリステン・アマート、ケイト・ギャッシュ、サマンサ・ペレルソン、アーロン・ヒリス、アンドリュー・ウンガー、そして、書店ブックコートのスタッフであるマーク・ドミュ、ジュリー・ベスラー、ブルック・ゴールドバーグ、ヴェロニカ・ハーグルント、クリス・タイラー。

アンドリュー・ウディンにはなにかにつけて相談に乗っていただきました。

アブラムス社の方々にさまざまな場面で陰ながらご支援いただきましたおかげで、万事順調に出版までこぎつけることができました。サリー・ナップ、エミリー・アルバレロ（彼らの下で編集や校正を担当してくださった方々）、デニス・ラコンゴ、クリスティーナ・タリー、ポール・コラルッソ、ジュールズ・ホルバチェフスキー、ロリ・ザイコフスキー、ジョン・ガル、カリー・ウィトキン、クリス・レイモンド、そして、ダニー・マロニー。改めてお礼を申し上げます。

そのほか、ご指導ご支援を賜った方々のお名前をご紹介します。ジーン・パルマー、ダニエル・ネシ、ニュービー・ネシ、ポリー・ネシ、ディエゴ、パオロ、トニオ、ヴァスコのシエラ家のみなさま、アルバートとエリザベスのワトソンご夫妻、ティモシー・ブラッドリー、キム・シャンク・スキアヴォーネ、ゾーイ・ポトキン、リチャードとシシーのアルバーティーンご夫妻、スーザン・コルデロ、シーン・デスモンド、アンドレ・アシマン、そして、ニューヨーク市立大学ライターズ・インスティテュートの優秀な編集者やライターのみなさま、シェリー・サハロフ、マット・ムーア、ニナ＆ミシェル・サハロフ、タニア・ベッドフォード、ジョン・ダール、ジョン・ザイバート、アンドレア・ダネス、チップ・クレゼル、そして、マガリ・ヴェイヨン。

最後に、ドーシー＆ロン・ユーイング、エヴァン＆テオ・コーエン、ウーナ・ネシ・ブラッドリーへ。すべてに感謝します。

橋の上のひとりの美女。アルトゥザラのライダース・ジャケットにナイームカーンのスカートという装いのグラムフォーグッドの創設者、メアリー・アリス・スティーヴンソン。履いている靴は、クリスチャン・ルブタンのアンクル・ブーツ。

BROOKLYN STREET STYLE
By Anya Sacharow, Shawn Dahl and Sioux Nesi
Text Copyright ©2015 Shawn Dahl, dahlimama inc; and Anya Sacharow
Photographs Copyright ©2015 Sioux Nesi
Illustration Page I Copyright ©2015 Shawn Dahl, dahlimama inc
First Published in the English language in 2015 by Abrams Image, an imprint of ABRAMS
ORINGINAL ENGLISH TITLE : BROOKLYN STREET STYLE
All rights reserved in all countries by Harry N. Abrams, Inc.

Japanese translation published by arrangement with Harry N. Abrams, Inc.
through The English Agency(Japan) Ltd.

ブルックリン・ストリート・スタイル
ファッションにルールなんていらない

初版発行	2016年10月1日
著者	アーニャ・サハロフ＆ショーン・ダール
写真	スー・ネシ
翻訳	桜井真砂美
翻訳協力	株式会社トランネット
日本版デザイン	南 彩乃（HOSOYAMADA DESIGN OFFICE）
DTP	横村 葵
日本版制作	筒井奈々(DU BOOKS)
発行者	広畑雅彦
発行元	DU BOOKS
発売元	株式会社ディスクユニオン 東京都千代田区九段南3-9-14 編集 tel 03-3511-9970／fax 03-3511-9938 営業 tel 03-3511-2722／fax 03-3511-9941 http://diskunion.net/dubooks/
印刷・製本	シナノ印刷

ISBN978-4-86647-000-9
Printed in Japan
©2016 disk union

万一、乱丁落丁の場合はお取り替えいたします。
定価はカバーに記してあります。
禁無断転載